JN223522

教職のための

学校と教育の思想と歴史

編者

宇内 一文

執筆者

国谷 直己
須川 公央
鈴木 和正
高木 加奈絵
田口 賢太郎
長嶺 宏作
松嶋 哲哉
山口 裕毅

三恵社

目　次

第1部　教育を構成する学校や子どもなどの概念の思想と歴史

第2部　　西欧の近代教育思想の概念と歴史

第3部　　日本の近代学校制度と教育の歴史的展開

学校と教育の「当たり前」を問い直すために

本書は、近代の学校教育が西欧でどのように成立し展開してきたかを、制度史・思想史・理念史・社会史などの多様な観点から理解するとともに、西欧で誕生した近代教育がどのように日本に移入され展開してきたかという教育の歴史的展開を概観し、近代教育の理念並びに歴史と思想に関する基礎的理解を得るともに、歴史的視点から今日の教育の特質と課題について説明できるようになることを目的としたテキストである。

読者は大学や短大、専門学校などで教職課程を履修している学生を想定しているが、広く教育について関心を持っている人にとって読みやすく分かりやすいのはもちろんのこと、授業者にも使いやすく教えやすいことを目指している。単に「単語や事項を暗記する」教科書ではなく「読んで考える」本であること、読者の考えを誘発するために、各章では問いを立てて、それに答える形式を採用している。

この章では、私たちの持っている学校や教育の「当たり前」に揺さぶりをかけ、私たちが知っているようで知らないままの教育についてきちんと考えることの必要性を知ってもらうとともに、そのときに学校と教育の思想や歴史の理解が不可欠になることを伝えたい。

1 節　大人になることも、学校に行くことも、教育を受けることも「当たり前」？

1）そもそも大人になるってどういうこと？

みなさんは、「どのような大人になりたいか」と聞かれたらどう答えるだろうか。「お父さんのように優しい大人になりたい」「先生みたいにみんなに尊敬される大人になりたい」など、きっといろいろな答えが出てくるだろう。

それでは、「大人になるとはどういうことか」と聞かれたらどうだろうか。「一

人前になること」「立派になること」「働くこと」「誰かの面倒をみること」など、こちらもいろいろな答えが返ってくるだろう。私たちの多くは、「大人になる」ことについて、未熟なものから成熟したものになるというイメージを持っているのかもしれない。それでは、「そもそも大人とは何か」と聞かれたらどう答えるだろうか。あるいは「大人の反対とは何か」。「え、子どもじゃないの」「小人でしょ」という答えが出てきそうだ。「子どもって何ですか」。「！？」（続く）

2）学校に通うことは「当たり前」？

　次の問いは学校についてである。「学校ってどんなところですか」。「勉強を教えてもらうところ」「みんなが行くところ」「楽しいところ」あるいは「つまらないところ」など、いろいろな答えが返ってくるだろう。それでは、「学校にみんな行くのはどうしてか」と聞かれたらどうだろうか。「えらい人になるため」「社会で役に立つ人になるため」という答えがありそうである。「義務教育だから」という人もいるだろう。「え？勉強を教えてもらうところだって？」。なるほど、しかし、よく考えてみると、「勉強すること」、言い換えると「学ぶこと」は何も学校でなくてもできるかもしれない。にもかかわらず、学校での学びは常に教えてもらうこととセットになっている。それは、いつから「当たり前」になったのか。

　また、私たちの多くは、小学校、中学校、高等学校と 12 年間も教育を受けてきた。人生のうちの多くの時間を学校で過ごしてきた。だから私たちの多くは、学校に行くことは「当たり前」だと思っているし、学校に「行けない」あるいは「行かない」ことは「当たり前ではない」と受け止めている。「学校に行くのはどうしてなのか」「義務教育なのはどうしてなのか」などと疑問を感じることない。なぜ、学校に行くことは「当たり前」なのだろうか。そもそも「学校とは何なのだろうか」。

　日本において、国民みんなが通うべきとされた小学校がつくられたのは、近代化をめざした明治時代のことである。小学校は、あっという間に各地につくられ、今とほとんど変わらない数にまでなった。しかし、それまで学校と無関係に生きてきた子どもたちは、なかなか学校に通わなかった。子守、労働、遊び、習い事など他にやることがあり、「女子や農民に学問はいらない」という考えもあったからだ。

　だから、就学率（6-13 歳のうち尋常小学校在籍者＋卒業生が占める割合）が

男女同じく 99.5％になった 1930（昭和 5）年度でも、日々出席率（在籍者のうち毎日の平均出席者が占める割合）と卒業率（入学者のうち卒業率が占める割合）はそこまで達しなかった。大人数の子どもが尋常小学校に毎日卒業まで通い続けていた反面、小学校を中退・欠席する子どもが少なからず身近にいて、仕方がないとされていた。「学校に通わずとも生きていける」という考え方に立つ家族や共同体は、産業形態の変化という背景もあり、人々に新しい世界を啓き、共通の考え方や行動の仕方をもたらす学校教育に押され、ほぼなくなっていった。年間 50 日以上、学校を休む長期欠席者の数が減り、その存在が目立たなくなった 1970 年代半ば頃のことだ。中学校を卒業し、高等学校にまで進学することが、日本中の多くの人にとっての「当たり前」になっていった。

3）教育を受けることは「当たり前」？教えられないと学べない？

　最後はこのような問いを立ててみた。「どのような教育を受けたいか」。きっと「将来役に立つ教育を受けたい」「楽しい教育を受けたい」など、いろいろとあるだろう。それでは、「なぜ、教育を受けないといけないのか」はどうだろうか。「義務教育だから」。それでは、どうして教育を受けることは義務なのか。そもそも教育って何なのか。

　教育を受けることとかかわって、私たちの多くは何かを学ぼうとするとき、そのことをよく知っている人から教えてもらおうと考えるのが「当たり前」になっている。いまの日本では、「教えられて学ぶ」という教育のかたちが、ごく「当たり前」のこととして受けとめられている。とくに、学校では、先生から「教えられる」ことが「当たり前」で、「教えられて学ぶ」という仕組みに疑問が投げかけられることなどあまりない。むしろ、何か分らないことがあったら、率先して教えてもらおうとするだろう。さらには、もし上手く学べないようなことがあると、それは教え方がよくないせいだ、とさえ思う傾向もみられる。この「教えらえて学ぶ」という行為は、人類に普遍のもの、つまりどんな人間社会にもあると言えるのだろうか。世界を見わたしてみると、「教えられて学ぶ」という学び方は、人類に普遍の思想ではないことがわかる。

　文化人類学者の原ひろ子は、カナダ北西部で固定した住居をもたず、テントを移動しつつ狩猟採集生活をするヘヤー・インディアンの文化には、「教えてあげる」、「教えてもらう」、「だれだれから習う」というような概念の体系がなく、各個人の主観からすれば、「自分で観察し、やってみて、自分で修正する」こと

によって「○○をおぼえる」というのだ（原 1987、pp.180）。原は、ヘヤー・インディアンとつきあってみて「『学ぼう』とする意識的行動は人類に普遍的と言えるが、『教えよう・教えられよう』とする行動は、絶対普遍のものではないと考えたくなってきた」（原 1987、pp.175）と言っている。教育学者の広田照幸も、「『教える』という行為と「学ぶ」という行為が、自明の連結関係ではない」（広田 2002、pp.87）と発言している。つまり、人間は教えられなくても学ぶことができる存在なのである。にもかかわらず日本では、「教えられて学ぶ」という学び方が一般的だ。とくに学びの中心に位置づく学校では、「教えられて学ぶ」というかたちが当たり前で支配的である。学校への要望が強くなる今日この頃では、「上手に教えられないなら教師になんてなるべきじゃない」という声さえ聞こえてくる。でもよく考えてみると、学ぶのは子どもであり、教師に教えてもらうことだけが学びを構成するわけではないはずだ。なぜ、日本では、「学び」のかたちが常に「教えてもらうこと」とセットになっているのだろうか。日本において、教えられて学ぶということが定着してきたのはいつなのだろうか。

　さて、これまでの問いは、読者の皆さんを困らせるために立てたのではない。私たちの多くは、子どもには教育が必要であり、等しく教育されなければならないと願っている。そして、その教育は、一人ひとりの個性を伸ばし、心身の健やかな成長を促すものであることが望ましいと考えている。子どもから大人になることも、学校に通うことも、教育を受けることも、今を生きる私たちにとって「当たり前」なことであり、信じ込んでいる。しかし、なぜそのことが「当たり前」なのか、その理由を私たちは知る由もないし、考えたりすることもない。この「当たり前」という見方は、私たちが生きる社会に浸透しているので、意識することもないが、「普遍の真理」のような絶対的な価値基準ではなく、その時代や社会の特定の価値観に支えられているに過ぎない。

　本書は、「当たり前」を疑うという思考様式を用いながら、「なぜ、子どもは大人になるのか、学校に行くのか、教育されるのか」という問いのもと、私たちが「当たり前」に思うことは「なぜ」当たり前であるのか、その成り立ちを思想と歴史を通して探っていく。教育思想は、時代の大きな流れのなかで緩やかにつながり、時には直接に影響し合いながら、教育についての私たちの見方や考え方を基礎づけてきた。教育の比較的体系的な思想が生まれた背景には、「子どもの発見」があったといわれている。実は、「子ども」という存在も、ど

の時代においても、どの社会においても自明なものではないのだ。私たちは子どもという存在を知っている。「子どもは純粋無垢だ」とか、「大事に育てよう」と意識を当たり前のように共有している。しかしこうした意識が「当たり前」になったのは、近代になってのことである。

　私たちが知っているようで知らないままの教育をしっかりと知らなければならない。どんなルーツがあったのか、時代や社会のどのような状況に応じて必要となり生まれたのか、かつては意味があったけれどいまは形骸化してしまったものはないか、などふさわしい問いをたてながら学んでいく必要がある。だからこそ、学校と教育の思想と歴史においては、歴史をひとつずつ確かめていくことが重要になる。大切なことはある状況におかれた社会があり、その社会で支配的な思想があり、その思想の影響を受けた人びとのかかわる教育が社会の一部として機能する、という関係のなかで教育の歴史を見ていくことである。

２節　教育の過去を学ぶことは、現在・未来の教育のために役立つのか？

　本書では、学校と教育の思想と歴史について学んでいくが、現在・未来の教育を考えるうえで、学校や教育の過去についての学びはどんな意味があるのだろうか。そもそも過去について考えること、歴史とは何なのだろうか。植民地を例に考えてみたい。台湾は、今でも日本語を話せる人が少なくない。年配の台湾人が日本語を話すことができる理由は、過去にそこで日本語教育が行われていたからである。その歴史的経緯について説明した 2 つの文章を見て欲しい。

1. 戦前、日本は欧米の植民地になりそうだった台湾を助けて、植民地にならないように代わって統治し、日本式の教育を導入し、台湾の近代化を推し進めた。
2. 戦前、台湾は日本に侵略され、植民地とされ、日本式の教育が強制され、現地の文化を破壊された。

　過去に起こった出来事にもかかわらず、どうしてこのように歴史の語り（解釈）が異なるのだろうか。ここには「歴史とは何か」という問題が大きく横た

わっている。結論を先取りして言えば、「歴史とは、すでに決定しているものではない」ということである。

　歴史学者の成田龍一の説明が分かりやすいので、「歴史とは何か」について考えてみよう（成田 2013 参照）。歴史は過去に起こった出来事（＝事件）なのだから、もう決まったことのように思うかもしれないが、そうではない。たしかに歴史の出来事は、もうそこにある。しかし、それをなぞることが、歴史ではない。たくさんの出来事から、ある出来事を抜き出し、別の出来事と結びつけて説明することが、歴史なのである。歴史は出来事を「解釈」し、「語る」営みである。まず、入口として理解して欲しいのは、歴史は、もう決まってしまったことをいうのではなく、ある出来事を選び出し、他の出来事と関連づけながら伝えること、である。言い換えれば、（出来事を集めた）年表ではなく、出来事を選び出し説明することであるということができる。

　歴史を考えることは、単純化していえば、過去のことを考えることである。ただし、「いま」の地点から考える。しかし、その「いま」は少しずつ動いている。「いま」この瞬間は、明日になれば過去になっている。「いま」が次々と過去になっていくということは、「いま」も歴史だということである。

　「いま」が歴史だということは、「いま」当たり前だと思っていることも、いつまでも当たり前ではなく、変わっていくことを意味している。それゆえ未来を考えることにもなっていく。「いま」をはさんで、過去と未来を考えることが歴史を考えることである。

　このように「当たり前」以前はどうだったのかということに意識を向けると、「当たり前」が、ずっとあったのではなく、つくり出されてきたものであることの発見がある。「当たり前」ではないときがあったこと。このことによって、「当たり前」が無くなっていくこともあわせて考えることになるだろう。「当たり前」以前―「当たり前」―「当たり前」以後。過去だけではなく、むしろ未来に向けて視野が開けてくる。これが、歴史を考える第一歩となる。「当たり前」以前をよく知れば知るほど、「当たり前」や「当たり前」以後がよく理解できることにもなる。歴史は過去を語るが、同時に未来を語っている。未来をどのように考えているかによって、いまがどのようにとらえられ、過去がどのようにとらえられるかが変わる。未来に向けて、いまを確かめ、そして、どのような過去の条件があるのかということを知る営みが、歴史である。

　私たちが「当たり前」に思うことは普遍的な真理ではない。それは時代や社会のなかで当たり前になってきたのであり、時代や社会が変われば「当たり前」

ではなくなるかもしれない。そう考えると、私たちが今の教育を論じる場合に
も、これからの教育を論じる場合にもなぜ、それが望ましいのか、問題である
のかを根本的に問うことが必要である。私たちの考え方は、その国の歴史、社
会的状況、そのとき支配的な社会思想、そういうものに影響されている。だか
ら、大切なのは、そのルーツがどこにあるのかを探ってみることである。自分
や周りで「常識的」で「当り前」のことを、世の中の普遍的な真理として、何
の疑いもなく信じてしまう前に、それが、どんな社会的状況、思想によって生
まれてきたのか、その根本のところを考えてみる必要がある。思想や歴史を学
ぶことは、いつ・誰が・何をしたかを覚えることではない。

　カナダの精神科医に、エリック・バーン（Eric Berne,1910〜1970）という人
がいる。彼は、「他人と過去は変えられないが自分と未来は変えられる」という
言葉を遺している。これから学校と教育の思想と歴史を学んでいく私たちは、
この言葉をどう受け止めて、どう生かせば良いだろうか。たしかに自分以外の
他人と過去の出来事は変えることはできないが、自分と未来を切り拓くために、
他者や過去と真摯に向き合えば、そうしたものへの位置づけや価値づけを変え
て、自分との新しい関係を「発見」できる。そのときに、私たちはまた新しい
地点から過去や他者と向き合えるはずだ。学校と教育の「当たり前」を歴史的
に問い直すことは、「学校」と「教育」の存在価値を非難したり、否定したりす
るものではなく、今の私たちがよりよい学校や教育をつくるために何をすれば
いいかを考えるためにある、未来志向の営みなのである。

【引用・参考文献】

広田照幸　2002　〈教える―学ぶ〉関係の現在　近代教育フォーラム 11 号

広田照幸・塩崎美穂　2010　教育原理―保育実践への教育学的アプローチ　（保育・
　教育実践テキストシリーズ）　樹村房

成田龍一　2013　戦後日本史の考え方・学び方―歴史って何だろう？（14 歳の世渡
　り術）　河出書房新社

原ひろ子　1987（1979 年初版）　子どもの文化人類学　晶文社

第2章 学校のある社会、学校のない社会

そもそもなぜ学校は誕生したのか？

1 節 学校はいつ誕生したのだろうか

「学校」—— それは私たちにとって、あまりに
も馴染み深く、悲喜こもごも様々な思い出の詰
まった場所であると言えるだろう。この「学校」
について考えるとき、筆者にとって強く印象に
残っている一本の映画がある。その名も『学校』
（1993）。いまから 25 年ほど前に公開された古
い映画だが、もしかしたら観たことがあるとい
う人もいるかもしれない。舞台は、東京下町の
とある夜間中学校。生徒たちから「クロちゃん」
と呼ばれ慕われている黒井先生を中心に、不登
校や非行、知的障がいや家庭の経済的事情など、
様々な理由で学校に通えなかった生徒たちとの

写真 2−1 映画『学校』

交流を描いた悲しくも心温まる作品だ。この映画のラスト・シーン、授業の最
後に「幸福って何だろう」という黒井先生の問いかけに、元不登校児のえり子
が答える ——「それ（幸福）を分かるために勉強するんじゃないの？ それが
勉強じゃないの？」。

言うまでもなく、学校は勉強を主たる目的の一つとする場所だ。このことに
異論を挟む人はいないだろう。しかし、学校でなくとも勉強することはできる。
家や図書館はもちろんのこと、それこそトイレであっても、人は学ぶことがで
きる。にもかかわらず、学校で学ぶ理由とは何なのであろうか。あるいは、こ
う問い直してみても良いかもしれない。そもそも学校は、いかなる社会的・時
代的な要請にもとづいて、学び（＝勉強）の場として制度化されたのだろうか、
と。

　そのことについて考える前に、さしあたってまずは、私たちが通常イメージする「学校」の風景を思い浮かべてみよう。校門をくぐると校庭が広がっており、眼前には校舎や体育館といった構造物が屹立している。校舎には職員室や図書室を始め、学年・学級毎に割り当てられた教室が随所にあり、さらに教室に入ると前方に黒板と教卓、それらと向かい合う形で児童・生徒用の机と椅子が配置され、一人の教師が多数の子ども達を相手に授業を行う、そのような空間をイメージするのではないだろうか。こうした「学校（教室）」風景に加えて想起するのは、「学校」には就学義務（これは子どもが学校に行く義務があるということではない）があり、授業料は無償といったことだろうか。

　しかし、今では当たり前のように思われる上述のような「学校」が誕生したのは、実に200年ほど前に過ぎないと知ったら、皆さんは驚かれるかもしれない。こと我が国においては、明治に入って本格的に**公教育**制度が開始されこととなった1872年（明治5年）頒布の「**学制**」がその始まりであるから、たかだか150年ほどの歴史しか有していないことになる。ここで画2−1と画2−2を見比べて欲しい。画2−1は江戸時代における庶民の子弟のための教育機関であった**寺子屋**の風景を描いたもの、画2−2は明治初頭に刊行された林多一郎『小学教師必携補遺』（1874）から抜粋したものである。二つの画を比べてみて、その違いにお気づき頂けるだろうか。

　まず画2−1の寺子屋の風景から見ていこう。左頁の中央左に座しているのが師匠で、それ以外の者は、当時、寺子と呼ばれた生徒たちである。寺子の様子をつぶさに見てみると、ある者は真面目に勉学に励み、またある者はほおづえを突き、背伸びをし、また取っ組み合いをしているようにも見える。机（天神

画2−1寺子屋の風景
（渡辺崋山『一掃百態』1818年）

画2−2　明治初頭の小学校の風景
（林多一郎『小学教師必携補遺』1874年）

机）の配置はバラバラ、師匠が授業をしている様子も伺えない。それもそのは
ず、当時の寺子屋での学びは自学自習が基本で、『庭訓往来』や『商売往来』と
いった往来物を教科書として用い、音読を通して読み方を学び（素読）、草紙と
呼ばれた練習帳が真っ黒になるまで文字を覚え（手習い）、また場合によっては、
そろばんや画、裁縫なども習うなど、現代で言えば習熟度別の個別学習が中心
だった。寺子屋には異年齢の子どもたちが一室に集い、就学年齢や在学期間が
定まっているわけでもなく、ましてや国民皆学でもなかった。また、経済的に
困窮している家庭を除いて、入門時には束脩と呼ばれる金品を、また節目節目
には謝儀を納めるのが一般的だったという。

　対して、画2-2はどうだろうか。机と椅子が整然と並べられ、教師と生徒は
互いに向き合う形となっており、現代の教室空間とほぼ変わらない構造である
ことがお分かり頂けるだろう。ここで、左上に書かれている文章に注目してほ
しい。そこには、「石盤書物等ノ出シ方　本図ニ由リ類推スベシ」とある。石盤
とは、紙が高価だった当時において、主に小学低学年の子どもたちがノート代
わりに使っていた黒板様の教具のことである。その「石盤と書物の出し方を、
本図を見て推測しなさい」とは、一体どういうことだろうか。この本の著者で
ある林多一郎は、明治になって始めて設置された教員養成機関である**師範学校**
に学んだ人で、この『小学教師必携補遺』は、アメリカ経由で伝えられた欧米
式の教育方法を、それに不慣れな我が国の教師たちに伝習させるためのマニュ
アル書として書かれたものなのである。本書では、授業前の号令のかけ方や起
立の仕方などが図解で詳細に示されているように、今日では当たり前のように
思われる授業や学びのありようも、当時の寺子屋流の教育に慣れ親しんできた
教師たちにとっては、驚きを持って受け入れられたことは想像に難くないだろ
う。

　このように、現代の私たちにとって馴染みの深い「学校」も、もとを正せば
明治に入って欧米から輸入された「学校」の末裔なのであって、以前のそれと
は全く異質なものとして登場した近代固有の教育機関として、今日に至るまで
主要な教育の場としてあり続けているのである。

2節　学校が必要になった理由とは何だろうか

　さて、ここまで通常私たちがイメージする「学校」の淵源を、我が国が近代

国家として歩みを始めた明治期に求めて見てきたが、無論そのことは明治以前に学校が存在しなかったということを意味しない。江戸時代には、先に見た寺子屋を始め、諸藩には藩校が、江戸には幕府が創設した学問所が設置され、また全国各地には数多くの私塾が存在していた。さらに平安時代にまで遡ってみれば、貴族の子弟を対象とした大学寮を始め、空海が一般庶民にも門戸を開いて設置したとされる綜芸種智院など、古くから様々な教育機関が存在していたことが知られている。もとより、こうした事情は日本だけに限らない。近代学校教育制度が誕生したヨーロッパにおいても、すでに古代ギリシアの時代から競技者育成施設であるギュムナシオンや弁論家育成のための修辞学校が開設されていた。ちなみに、学校の存在を示す最古の事例としては、紀元前二十一世紀のメソポタミアを支配した王を賛美する粘土板に、その記述が残っているという。

このように「学校」の誕生以前から、学校は存在していた。では、そもそも文化伝達に固有の機関である学校は、いかなる時代的・社会的要請にもとづいてつくられたのだろうか。ここでは、学校のある社会における文化伝達や社会構造のありようを学校のない社会のそれと比較してみることで、学校独自の機能的特性について考えてみることにしよう。

１）文字を用いた文化伝達であること

まず、学校が誕生した条件の一つとして考えられるのが、文化伝達の手段に文字が用いられるようになったということである。人類の長い歴史を振り返ってみれば、文字を有さない社会における文化伝達のありようは、主として子どもたちが親を始めとする周囲の人物の振る舞いを模倣することで、言葉を覚え、道具の使い方を覚え、社会における様々なルールを習得するというものであった。そこでは、大人による子どもへの直接的な教育的働きかけというよりは、むしろ生活それ自体の中に知識が埋め込まれており、生活することが即学びに直結していったと考えられる。

こうした教育によらずして知識や技術を習得するという文化伝達の様式は、文字の文化が登場する以前の先史時代に限らず、現存する伝統的社会においても確認することができる。文化人類学者の原ひろ子は、カナダ北西部に居住するヘヤー・インディアンを調査するなかで、以下のような興味深い報告を行っている。

　原は大人や子どもの区別なく、調査対象者に対して「それをあなたはどのように」しておぼえたのですか？　誰に習ったのですか？」との質問を投げかけた。すると返ってくるのは、いずれも「自分で覚えた」という返事ばかり。英語の話し方や猟の仕方、斧の使い方、皮のなめし方のいずれにおいても「誰に習ったの？」、「どのようにして覚えたの？」という質問に対して、「自分で覚えた」、「そりゃ、自分でやってみるのさ」の一点張りだったという。

　ここで原は次のような結論を導き出す。ヘヤー・インディアンの文化には、「教えてあげる」とか「教えてもらう」、「だれだれから教わる」といった概念の体系がなく、自ら周りの大人や兄弟の仕草をつぶさに観察し、見よう見まねでやってみて修正することで、文化を習得していくのだと（原 1979、pp.166ff.）。

　以上のような模倣を中心とした文化獲得の様式は、文字が誕生した以降の時代においても、たとえば「見習い」という言葉にもあるように、親方の家に住み込んで一人前の職人として技術を見習いながら習得する**徒弟制度**を始め、広く伝統芸能などの世界にも見ることができる。無論、こうした社会においても、最低限に必要な教育、たとえば先ほどのヘヤー・インディアンの例でいえば、食べられる食物とそうでないものの見分け方や子どもの危険な行為に対する指導などはあったと思われるが、それらはあくまでも偶発的かつ無意図的なものであったことは間違いない。

　さて、以上のような意図的な教育なくして、文化伝達が可能となるためには、当の文化それ自体の特徴としてどのような条件が必要となるだろうか。まず考えられるのが、継承される知識や技術が見聞きして学ぶ程度に単純なものであるということだ。文字を有さない無文字社会において伝えられる文化は、文字とそれを記録する媒体がない以上、音声あるいは視覚情報として記憶に留めるより他ない。したがって、その場合に伝えることができるのは、記憶できる程度の分量であること、また内容についても抽象的なものではなく、日常生活に根ざした具体的かつ単純なものであることが条件となる。対して、文字社会においてはどうだろうか。文字はその特性上、書かれたものとして人間の記憶をはるかに超えて保存することができる。保存された知は蓄積されることで増大し、その内容も次第により高度なもの、複雑なものとなっていく。そうなれば、もはや見習うことや口承では、世代から世代へと文化を伝達することができなくなる。言うまでもなく、学校における文化の伝達は文字の読み書きを中心として行われるが、それは何よりも子どもが身につけるべき文化の多くが、文字なくしては学習することが困難なほど複雑多様であるからに他ならない。

2）社会的機能の分化とともに誕生したということ

　学校は教育の専門機関であるが、その普及に際しては社会における様々な機能、たとえば食料や製品を生産する、商品を販売する、医療や教育を行うといった諸機能が、それぞれ専門の機関によって担われる社会的分業システムの確立と発展が大きく関係している。

　時代の進展とともに社会の仕組みが複雑化することで、社会全体における労働も職能に応じて様々な分野や部門に分かれていく。分業によって生産性は向上し、それと並行して個々の職業に特化した専門的職業人が登場することになる。教育に関して言えば、次世代に伝える文化が高度化するにつれ、日常生活にとけ込んでいた教育の営みが独立し、教育の専門家である教師が教育の専門機関である学校において教育を行うようになったというわけである。

　ところで、学校を意味する英語の school は、ギリシア語の σχολή（スコレー、閑暇）に由来することからも明らかなように、それは古代ギリシアの自由市民たちが、労働を奴隷に任せて自らの余暇を満喫するべく、思索にふけったり議論を交わしたりすることのできる時間を意味していた。その原義の通り、元来、学校は労働から一定程度に解放された生活にゆとりのある特権階級のものであって、大多数の人々にとっては無縁な場所だったのである。学校で教育を受けるには、生産労働から解放されて自由に学習に専念できるだけの個人および社会の余力がなければならない。そうした条件を満たしたのは、もっぱら経済的な余力に恵まれた貴族や富裕層などの子弟を始め、聖職者や医師など特定の職能層の人々に限られていたのである。

　以上のような特定の身分に限らず、学校において教育を受ける権利が一般庶民にも保障されるようになるには、ことヨーロッパにおいては 18 世紀半ばに始まる産業革命まで待たねばならなかった。とはいえ、その思想的・制度的素地はそれ以前の時代から徐々に整えられていったと言える。14 世紀に始まるルネサンス期には、文芸復興の旗印のもと、旧来の封建的な社会体制や神中心の世界観に異を唱える形でヒューマニズムの思想が生み出され、人文主義にもとづく学校がヨーロッパ各地に創設された。続く宗教改革期には、身分によらず有能な子ども全てに学校教育の門戸を開くべきとの提言がルター（Luther,M. 1483-1546）によってなされ、それは近代義務教育制度の先駆とも言うべきドイツのゴータ教育令（1642 年）に結実していくことになる。そこでは「児童はいずれの土地においても、すべて男女を問わず、一年中を通じて継続的に学校に

就学しなければならない」と規定されており、就学義務に違反した場合の罰則も明記されていた（世界教育史研究会　1977、p.33）。以後、学校教育は市民革命の時代を経て、市民社会にふさわしい制度的形態が模索されつつ、社会的分業体制が確立される産業革命期以降、一気に普及していくことになるのである。

　ここで、産業革命が学校教育の普及を爆発的に促した理由について考えてみることにしたい。周知の通り、産業革命は 18 世紀半ばのイギリスを皮切りに起こった一連の産業変革とそれに伴う社会構造の大変革を言う。蒸気機関の発明により、労働作業は熟練した人間の手から原動機に切り替わり、並行して工業形態も従来の家内制手工業、工場制手工業（マニュファクチュア）から工場制機械工業へと発展していった。技術革新による工業生産の拡大と農業人口の減少に伴う農村部から都市部への人口流入は、工場で働く労働者の需要と供給をマッチングさせるのに上手く働いた。産業革命が単なる工業化の側面だけではなく、人口動態の変動による社会全体の構造変革をも意味するのは、このような事情による。それは社会のありようだけではなく、家族形態や個人の意識、行動様式までも大きく変えていったのである。

　とりわけ家族について言えば、W・H・リール（Riehl,W.H 1823-1897）が提唱し、後にオーストリアの歴史家 O・ブルンナー（Brunner,O 1898-1982）によって概念化された「**全き家（das ganze Haus）**」は、産業構造の変化が同時に家族形態の変容につながっていったことを理解するうえで、非常に有用な概念となるだろう。

図 2 − 1　近代以前の家族形態

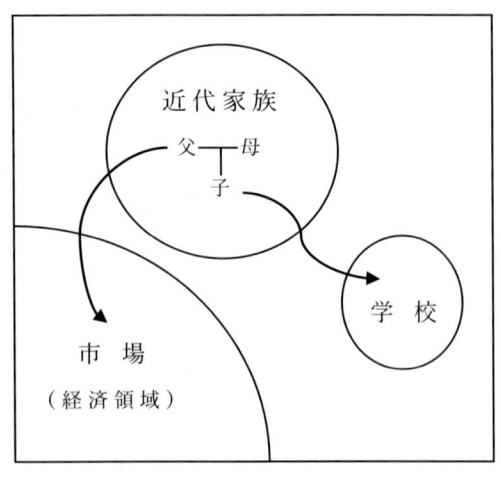

図 2 − 2　近代以後の家族形態

　ブルンナーによれば、近代以前のヨーロッパ社会において社会の基本単位である家族は、その構成員を統率する家父を筆頭に、母と子どもたち、使用人などから成る家父長制大家族であった。そこでは、生産活動と消費活動が一体化しており、医療や教育といった営みの大半が「家（οἶκος、オイコス）」においてなされていた。ところが、近代に入って産業革命の勃興とともに、経営の合理性を追求するべく市場（経済的領域）は家から切り離され、夫婦とその未婚の子どもたちから成る核家族を特徴とする近代家族が誕生することになる。その誕生過程は、ドイツの社会学者 F・テンニース（Tönnies,F. 1855-1936）の言葉を使って言えば、地縁や血縁などによって自然発生した社会集団である「ゲマインシャフト（Gemeinschaft）」としての家から経済活動や教育活動が分離して、企業や学校など人為的かつ利害関係を媒介とした機能集団「ゲゼルシャフト（Gesellschaft）」が登場する過程と重なり合う。結果、父親は家から外化された労働市場においてもっぱら仕事を行い、市場を切り離した家族は成員間の情緒的絆を強化することに専心するようになる。子どもの教育に対する考え方も大きく様変わりし、貴重な労働力であった子どもを学校に行かせることによって生じる労働力の損失というデメリット以上に、学校教育は旧来の封建的な身分制度による縛りから子どもたちを解き放ち、能力と努力次第で社会的上昇移動を可能にする有用な手段として徐々に認知されていくようになる。

　もっとも、この間には公教育が制度的に定着するまでの長い紆余曲折の歴史、例えば児童労働の問題[1]や教育費を受益者負担にするか公費負担とするかといった課題克服の歴史があるのだが、いずれにせよその一因に産業革命が大きく寄与したことは間違いない。生産性の向上により社会全体が豊かになるにつれ、子どもの教育に対する期待とそれを可能にする社会的余力の度合いも高まっていく。産業革命を契機として一挙に推し進められた分業体制は、教育の領域においても学校という独立した専門機関と教育の専門家としての教師による効率的な教育方法と制度体系を生み出していった。それは国民に共通の価値観（イデオロギー）を植え付けることで強大な国家の担い手としての「国民」を創出するという国民国家の企図と相まって、公教育制度という形を取りながら世界的規模で学校を拡大させていったのである。

3 節　学校の誕生によって、学びと教育のあり方はどう変わったのだろうか

　以上、学校が誕生するに至った歴史的な背景を、主に文字文化の成立と社会的機能分化の 2 点に絞って見てきた。文字が生まれたことにより、次世代への文化伝達は、口頭によるものから書かれたものを媒介として行われていくようになる。記録と蓄積が可能になったことで知識の量も飛躍的に増大し、内容も生活体験に根ざした個別具体的なものから原理や法則、文法といった抽象的な事項が中心となっていく。もはや日常生活において大人の振る舞いを見て学ぶには困難なほど内容が高度化したため、社会的分業とともに日常生活から教育機能を分離して、それを組織的に伝達する専門機関が必要となった。20 世紀を代表する教育学者デューイ（Dewey,J. 1859-1952）も述べるように、「社会の伝統が非常に複雑になって、その社会的蓄積の相当の部分が文書に書き留められ、文字記号によって伝達されるようになるとき、学校が出現するのである」（デューイ 1975、p.39）。

　さらに学校の誕生と普及は、従来の「教える（教育）」と「学ぶ（学習）」のあり方までも大きく変えてしまうこととなった。

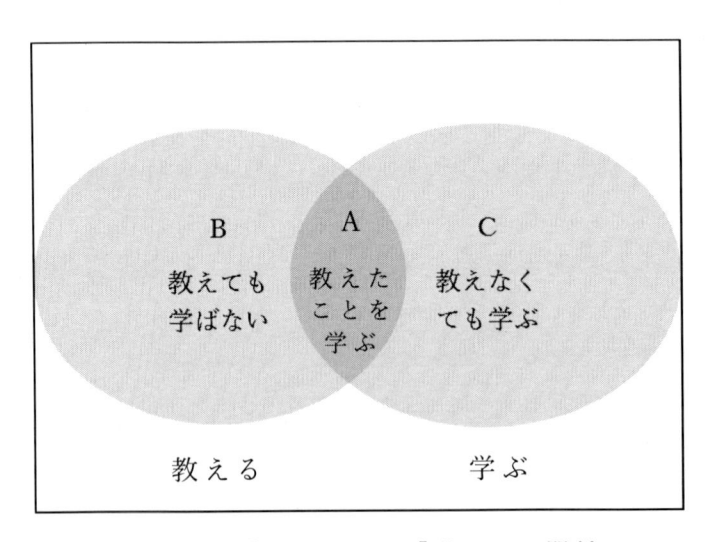

図 2 - 3　「教える」と「学ぶ」の関係

　ここで、図2-3を見てほしい。これは両者の関係を簡略化した形で図示したものである。通常、「教える」という営みは、教育を受ける者（被教育者）の学びを前提として成立する（A）。というのも、教師や親が教えたことを子ども自身が学び取らなければ教育を行う意味はないからである。しかし実際には、教えても学ばないことがある（B）。たとえば、学校には行くのだけれども、授業に身が入らず先生の話もうわの空、友達とのおしゃべりに夢中になって先生の話を聞き逃す、といったケースがそれである。ここでは教師は教えているが、子どもは学んでいない。また、教えたことを教師の意図とはかけ離れた形で受け取ってしまう、つまり間違って解釈してしまうといったケースもここに含まれるだろう。このように「教える」と「学ぶ」の間には、本性上こうしたズレが存在する。

　続いて、「学ぶ」についてはどうだろうか。結論を先取りして言えば、教育は学びの必要条件ではない。つまり、人は教えられることなくして学ぶことができるということだ（C）。たとえば、赤ん坊の頃にこのような経験をした人もいるだろう。火にかけられ熱く煮だった熱湯が入っている「やかん」を、それと知らず触ってやけどをしてしまった。おそらく、この子は二度と熱いやかんを触らなくなるだろう。これは一種の学習であるが、誰かに教わったわけではない。自ら学んだのである。あるいは、先述のヘヤー・インディアンのケースも、教育なくして学びが成立することを示す格好の事例だと言える。

　さて、このように見てきたとき、学校が普及していく歴史は、教育と学びの営みが徐々に学校に収奪されていく過程とパラレルであるとみなすことができる。以下、その功罪について考えてみよう。

　先に教育は学びの必要条件ではないと述べたが、そうだとすれば教育は必要ないということになるのだろうか。かつて、知識は主に特定の階級の人々や特別な訓練を必要とする技能熟練者によって独占されていた。しかし、今ではそれらの多くに我々は自らの力でアクセスすることができる。図書館に行けば自分が知りたいことを調べることができるし、それこそインターネットで検索すれば容易に情報を仕入れられる便利な時代になった。しかし、子どもにとっては世界に存在する膨大な知識のうち、どれが社会で生きていくうえで必要な知識であるかを判別するのは非常に困難である。学校で教えられる知識（学校知）は、数多ある知識の中から、子どもや社会にとって必要だと思われるものを大人が意図的に選別・抽出してパッケージングしたものである。加えて繰り返し述べてきたように、知識が高度化したことで、それらの大半は人に教えられる

ことなくして身につけることが困難なものとなってしまった。その限りで言えば、学校は複雑多様化した知識を効率よく伝達する場として、好都合な条件を備えていると言えるだろう。

　他方、学校はこれまで人々が生活のなかで獲得していた知識のほとんどを自らのうちに取り込んでいくことで、「学ぶということ」＝「学校に行くこと」というメンタリティを人々に植え付けることになった。それは、先ほどの図を使って説明すれば、「学ぶ」を表わす右の楕円が徐々に左へとスライドして、「教えなくても学ぶ」領域（Ｃ）が狭まり、「教えたことを学ぶ」領域（Ａ）が拡大していく過程と重なり合う。学校が学びを独占することで、学校こそが唯一の学びの場であるという素朴な学校信仰が生みだされ、本来、学びの手段であったはずの学校が目的と化してしまう ―― すなわち、学びではなく学校に行くことそれ自体が目的となってしまうという逆転現象が起こったというわけである。その結果、もともと主体的であるはずの学びに対する態度は、「学校で教えられたことだけを学んでおけばよい」という受け身の姿勢に転じることで、「教えられないと学べない」や「とりあえず学校にさえ行っていれば、学んだ気になる」といった心性を子どもたちの間に広く蔓延させてしまったと言えないだろうか（詳しくは、第 14 章を参照のこと）。

　今日、学校教育における学びの意味をあらためて問い直そうという試みが数多くなされている。教師と生徒が協同的に学び、育ちあう場として学校を再定義する「学びの共同体」（佐藤学）の実践や、今般新たに学習指導要領に盛り込まれることとなった「主体的・対話的で深い学び（アクティブ・ラーニング）」などがそれである。そのいずれにも共通しているのが、従来の学校教育において重視されてきた「教えること（教育）」から「学び（学習）」への力点のシフトである。それは学校が教育と学びの営み全般を収奪することによって生じたネガティブな事象に対する反省意識にもとづいている。学校がこれほどまでに浸透した現代において、我々はその存在意義をむやみに否定することなどできない。学校の誕生がもたらした功罪の両方を見定めながら、これからの学校教育のあり方を不断に問い直していく作業こそが求められていると言えるだろう。

【注】
（１）産業革命当時、子どもは貴重な労働力だったこともあり、就学体制が十分に整備されるには長い年月が必要であった。産業革命時における子どもの過酷な労働実態については、Ｆ・エンゲルス『イギリスにおける労働者階級の状態』

（1845）を参照のこと。

【参考図書】

ニール・ポストマン（小柴一訳）　1985　子どもはもういない―教育と文化への警告　新樹社

広田照幸　2009　ヒューマニティーズ　教育学　岩波書店

宮澤康人　2011　〈教育関係〉の歴史人類学―タテ・ヨコ・ナナメの世代間文化の変容　学文社

【引用・参考文献】

ジョン・デューイ（松野安男訳）1975　民主主義と教育（上）　岩波書店

世界教育史研究会編　1977　世界教育史大系 28　義務教育史　講談社

原ひろ子　1979　子どもの文化人類学　晶文社

【図表・出典】

写真 2−1　松竹株式会社　松竹 DVD 倶楽部　http://www.shochiku-home-enta.com（2017 年 10 月 28 日現在）。

画 2−1　市川寛明ほか　2006　図説　江戸の学び　河出書房新社、29 頁

画 2−2　藤田英典ほか　1997　教育学入門　岩波書店、139 頁

❏コラム　「教育＝education」の語源をさぐる

　通常、「教え育てること」を意味する「教育」という言葉も、その語源を辿ってみると、実に豊饒な意味世界が広がっていることに気づかされる。そもそも「教育」という熟語は、日本語の語彙世界ではほとんど馴染みのない言葉であり、それが今日的な意味として使用されるようになったのは、明治初頭に"Education"の翻訳語として「教育」という語が充てられたことに始まる。もっとも、この訳語が定着するまでには紆余曲折があって、例えば福沢諭吉は、自著で"education"に「発育」という訳語を充てていたことが知られている。また、同時代の洋学者である箕作麟祥は、自らが手がけたイギリスの百科事典の項目「EDUCATION」を翻訳する際に、タイトルを『百科全書　教導説』（明治六年）としつつ、「教導ノ原語タル『エヂュケート』ノ字ハ、元ト羅典語『エヂュカーレ』ヨリ由来スル所ニシテ、基本義ハ誘導ノ意ナリ」と紹介していた。後に本書は『教育論』（明治十一年）と改められ再版されることになったが、それは以後、"Education"の訳語として「教育」という語が定着するきっかけになったとされる。

　さて、ここで上記において箕作が指摘している「『エヂュケート』ノ字ハ、元ト羅典語『エヂュカーレ』ヨリ由来スル」という一文に注目してみよう。箕作が言うように、動詞"educate"はラテン語の"educare"に由来しており、名詞"education"は同じくラテン語の"educatio"を語源とする言葉とされている。では、そのラテン語の意味するところは何であろうか。

　"education"の来歴を探るにあたり、しばしば引き合いに出されるルソー（Rousseau,J-J. 1712-1778）の著書『エミール』（1762）には、「『教育（éducation）』という言葉は、古代においては、私達がその意味では使わなくなっている別の意味を持っていた。それは『養うこと』』を意味していた」と記されている。このルソーの指摘通り、「教育 éducation（仏）、education（英）」の起源であるラテン語の"educare"には、哺育（授乳）の営みを中心とした「養い育てる」という意味があり、それは人間だけではなく動植物までをも対象とした言葉であった。そこには、通常我々が「教育」という言葉でイメージする「教えること」や「しつけること」とは、全く異なった意味世界が広がっていたのである。

　ちなみに、しばしば誤用されるのが、「教育」を子どもの可能性や能力

を外に引き出すという意味で使うというものである。確かに、名詞 "educatio" の動詞形には、上述の "educare" に加えて「引き出す」という意味を持つ "educere" が存在する。しかしながら、最新の文献学的研究によれば、「教育 éducation（仏）、education（英）」は「引き出す（educere）」ではなく、「養い育てる（educare）」に由来することが明らかとなってきた。どうやら哲学者イリイチ（Illich,I. 1926-2002）が指摘するように、「教育することは、教育学上の言い伝えが主張する『引き出すということ』とは語源的になにも関係がない」というのが事の真相のようである。

3 章 子どもの誕生と近代家族

1 節 「子ども」という存在は自明のものだろうか

1) 子どものイメージは普遍的ではない―子ども観の移り行き

　いきなりだが、皆さんは「子ども」ときいて、どのようなイメージをもつだろうか。かわいい、天使のよう、宝物。あるいは、わがまま、うるさい、未熟な存在だ、等。前者のような肯定的イメージは教職にとっては「癒し」となるかもしれないし、後者の否定的イメージについては、子どもの成長を待たねばならないという点で、教育の理由となるものかもしれない。このように様々な反応が予想できたように、「子どもとは何か」「どういう存在か」という問いへの回答には、一定の傾向がありそうだ。しかし、いつの時代もどの地域でも常に一様というわけではない。ただし、そのことが意味するのは、時代や地域によって「子ども」それ自体の在り方が異なるというよりは、子どもに相対している大人の側が子どもをどのような存在と捉えているのかが変化するといったほうが正しいだろう。そして、本章で注目するのは、とりわけ最も彼らの近くにいるであろう家族からみた子ども観である。

　一例を挙げてみよう。日本においては、万葉集の歌人である山上憶良の「子を思う歌」（「銀も金も玉も　なにせむにまされる宝　子にしかめやも」）に詠まれたことに端を発するとされる「子どもというのはどんな宝にも勝る」という意味での「**子宝**」という言葉がある。だが、この言葉の内実は、現在素朴にそう考えられているように、親として子どもを無条件に喜び、肯定し、そのかけがえなさを尊ぶということでは必ずしもなかった。

　民俗学者の柳田國男（1875-1962）によれば、明治の初期頃までは幼い子を人に与えるという慣習は未だ普通のこととして行われていた。多産多死の時代にあって親が子を手放すのは、あまりに子が多すぎる、養育に手が回らない、一家の生計を成り立たせるため、といった家の都合を中心とした理由からであったという。すなわち、このとき子を宝という言葉の意味は少なくとも親本位に子どもを有用なものとして捉える向きがあったと言えるだろう。時代が下り、

日本の社会が近代化を迎える頃には、子ども本位の教育が目指されるようになっていくが、それ以前の近世、とりわけ農村部においては家の繁昌のため、**間引き・子返し**と呼ばれる子捨て・子殺しを通じて出生のコントロールが行われていた。「七歳までは神のうち」という言葉もあるとおり、常に死ととなりあわせの命であるがゆえに聖性を備えた子ども観は、当時の人々が現在とは異なる生命観を持っていたことを示している。子殺しについても、近世の人々がさほど罪悪感を持たなかったといわれるのは、子を返すという表現からも読み取れるように、彼岸からこの世に訪れた魂を再びそちらへと戻すだけであって、その魂はやがて再生すると考えられていたためだともいわれている。

　次の絵は、江戸時代に流通した「間引き教諭書」（子返しを禁止する育児奨励書）の中でも著名な『子孫繁昌手引草』（1860 年）の挿絵である。下段には母親が赤子ののど元に手をかけ、圧殺しようとしている姿を描いた絵、その上には、母親の胸中あるいは正体を示すかのように鬼面の姿があり、間引きを行う母親が二重に描かれている。

　庶民向けに多く摺りだされたこの手引書は、視覚に訴えて親子の情や子育ての大切さを訴えたものである。やむを得ず行われていた間引きや子返しに対して、道徳的教導という視点ばかりではなく、「貧困の原因が多産のせいではないこと」「多子は家の繁昌のための基本であり人手は生産活動に大いに資すること」など、そこには家計の視点も含み合わされていた。つまり、この当時における子宝思想とは、親の子に対する愛情だけでは

画 3−1　　『子孫繁昌手引草』

なく、家の存続のために子どもを産み選んで育てるという功利的な子育て意識とも一体化していたといえる。ここに見られるように、昔から今までずっと存在している「子宝」という言葉を根拠にしたとしても、日本人が常に一定の子ども観を持ちあわせてきた、とは決して言えないということである。

　同じ国であっても時代によって子ども観は変化していく。もちろん地域が異なればなおさらであろう。では、この「子ども」観の変化は、何ゆえ起こるも

のなのだろうか。その因子の第一に挙げることができるのは環境、すなわち子どもと関わっている大人自身が、どのような社会に身を置いているのか、ということである。人々のライフスタイルやそこから生じる価値観は、環境に規定される。本章では、現代の我々が素朴に抱いているような子ども観からは少々距離をとって、教育の前提となる価値観である子どもと家族の在り方についての「当たり前」を相対化するため、様々な地域や時代をめぐりその社会状況を踏まえながら、子どもと大人の関係をとらえる視点を深めていきたい。

2）子どもは誰のものか—国家の子ども、家族の子ども

　さて、前項で触れたような子殺しは、何も日本の近世のみに特有のものというわけではない。遡れば古くは古代ギリシアの都市国家においても、子殺しは日常的に見られたという。プルタルコスの著した「リュクルゴス伝」においては、スパルタの親たちの様子を垣間見ることができる。親たちは出産後、そのまま赤ん坊を抱えて集会所へ向かい、そこで待ち構えていた長老らに子を差し出す。すると赤ん坊は詳しく調べられ、その結果、その子どもが強壮であると判断されれば土地が与えられ、親に対して養育することが命じられる。だが、もし長老たちの眼鏡に適わなければ、アポテタイと呼ばれる穴淵の中へと放り込まれてしまうのであった。

　現代の私たちからすれば、とても信じられないことであるが、このような子どもの扱いの背景には、人々が身を置く社会の厳しさがあった。古代ギリシアの時代、それぞれの都市国家では、国内的には奴隷の管理、対外的には戦争に備えるなど、軍事力の維持が常に課題となっていた。国力の維持・強化のためには一人ひとりの修練とそれに耐えうる強い心身が予め求められたのである。そのため、古代ギリシアの世界においては、第一に国家があり、そのため親には自分の子どもを教育する権限はなく、国家こそが教育権を行使する唯一の管理者とされていた。市民は国家に属するものであり、したがって国家に役立つ者であるということは市民として当然のことであり、生まれたての子どもとて例外ではなかったということである。

　同じく軍事力の強化が一大事であっても、子に対する親の権限が極大化された事例もある。古代ギリシアからさらに時代を下り、農業を生活基盤とする家父長権社会が成立していた古代ローマでは、教育権を含む子どもに対するありとあらゆる権限が家長たる父に付与されていた。

　前 5 世紀半に定められたローマ最古の成文法である十二表法の第四表には、家長は子どもに対して生殺与奪の権限を持つ旨が明記されており、子どもを強制的に結婚させたり、養子に出したり、奴隷として売却したり、罰として重労働を課したり、さらには殺すことですら認められていた。実際にその権限を行使した者がどれほどいたかということまではさだかではないものの、古代ローマにおける父権制度は強力なものであった。農業を中心とする共同体にとって、子どもの教育は一家全体の生活とかかわる重要な問題である。この時代、子どもは 7 歳を迎えると父をただ一人の教師として行動を共にしながら、読み書きに始まり生活の全般を父から教わるのが通例であった。なお、ローマがその勢力を拡大していくにつれ、兵役や遠征などの多忙から、父親がしばしば自宅を空けるようになると、パエダゴグスというギリシア人奴隷教師がローマの家庭に流入するようになっていく。それでも子どもは家のものであり続けたが、社会の変化は、家庭の中にも流れ込み、親と子どもとのかかわり方にも大きな影響を与え、教育の在り方も変容させたのであった。

3）子どもは純真無垢な存在か―信仰によって象られる子ども観

　大人と子どものかかわり方、そして子どもの捉え方は、思想によってもまた変化する。古代ローマがその版図拡大の限界を迎えつつある頃、実効的な力にとって代わる人々の新たな拠り所が生まれつつあった。313 年、コンスタンティヌスはミラノ勅令を発し、それまで迫害されていたキリスト教が公認される。これ以後、西洋世界においてキリスト教は文化の基盤として強大なものとなり、子どもや教育についても無視できない要素となっていく。

　例えば、聖母マリアとキリストの関係は母性愛と信仰の典型とされ、時代の母親たちに幼子の良き教育者たることを促し、母を中心とする家庭は子育ての重要な場所の一つと認識されるようになる。また、キリスト教の説く「神は自らの姿に似せて人間を創造した」という教えは、子どものうちに魂の存在をのぞかせ、人々に子殺しを忌避させるようになる。実際、時のローマ皇帝は子殺しを重罪とする布告を出しており、以後、子育て生活上のトラブル解消には子殺しではなく、修道院や教会が設けた子捨て所が用いられるようになる。

　キリスト教が子ども観に与えた影響のなかでもとりわけ重要なものは、旧約聖書に語られる原罪の観念である。最初の人間であるアダムとイヴは、神の命に背いたため、楽園を追放されたとされる。この罪は解消されることなく子孫

へと引き継がれていき、生まれながらにしてすべての人間にあるものとされた。この原罪の観念は、魂をもつとされる人間の内面を規定し、子どもを生まれながらに堕落した存在と捉えさせる視線をもたらした。したがって、子どもに鞭をふるって矯正することは悪いことではなく、むしろ子どもの生まれつきの悪を抑えるために必要なものとすら考えられた。善の欠けた子供に対しては真実の知識を教え込まねばならないという認識は、性悪説的な子ども観（贖罪的子ども観）を導き出すことになる。このような認識が改められるには長い中世を経て、新たな社会の変化を待たねばならなかった。

4）いつから子どもは大人と区別されるようになったのか

ところで、このように「子ども」を語っている私たちはいつから大人になったのだろうか。言い換えれば、子ども時代を卒業したのはいつのことだろうか。現代の日本においては、民法第 4 条「年齢二十歳をもって、成年とする」と定

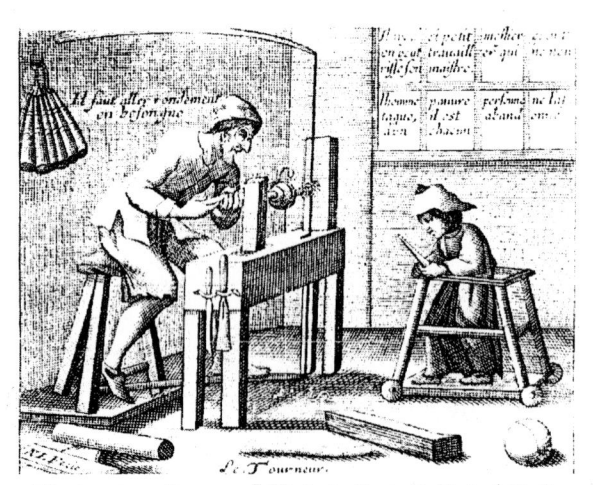

画 3−2　ラニエ「職人とその子供」（アリエス『〈子供〉の誕生－アンシャン・レジーム期の子供と家族生活』みすず書房、1980 年、巻頭）

められているものの、いわゆる大人と子どもの線引きはそれぞれの領域ごとになされている。飲酒や喫煙、ローン契約等は 20 歳からとされているが、自動車免許の取得やアダルトコンテンツの所有・閲覧等は 18 歳からである。また、2015 年 6 月に成立した改正公職選挙法により、選挙権が 18 歳以上に引き下げられたのは記憶に新しい。大人と子どもの境界線は、わが国の内実を見ても、ものによって様々である。しかし、そもそもこのように定められた境界線によらずとも、例えば場にふさわしくない素行に対しては「子どもっぽい」と分別を諭したり、口が達者な子どもに「子どもらしくない」と諫めたりすることがある。ここには、ある種の子ども観が潜んでいると言えるが、私たちが抱いている子どもら

しさという観念自体は、近代以前においては存在しなかったのではないか、という指摘がある。

　フランスのアナール学派の歴史家アリエスは、子ども期という、大人とは異なる特別の配慮を伴う教育の在り方が、家族の形態の変化と学校制度の広がりの中で生み出されていったことを明らかにしている。

　アリエスによれば、西欧において、一般的な人間のための教育という考え方が登場したのはルネサンスの時期である。ルネサンスに先立つ中世の社会においては、それぞれの身分に応じた教育が行われていた。例えば、騎士階級には騎士を育てるための教育、農民には農民の、職人には職人の教育が存在した。具体的で個別の職業訓練的教育から人間形成的教育へという展開がみられたのがルネサンスの時期であった。ここからさらに時を経た近代においては、職分等に依らない大人と子ども、各々の世界への住み分けが生じ、大人には仕事をはじめとした公的な世界があり、子どもには遊びなど私的な世界があるといった形で、両者が交わる機会はもはや家庭と学校を残すのみとなっていった。

　これに対して中世の社会では大人と子どもの線引きは曖昧なままであり、その生活は両者が混在した状態のままであった。子どもに対してことさら特別な配慮をしないということは、同時に、公私の区分や労働と遊びの線引きも曖昧であったことを意味する。共同体という集合的な人々の生活の中にあっては、一家族を一つの生活の単位とする現代のわれわれが持っているようなプライベートな空間も見出されなかった。

　多産多死であった西洋中世では、死去する可能性を大いにもった小さな子どもは人の数には入っておらず、また 16 世紀にいたるまで子どもの墓碑肖像がなかったという事実からは、子どもに対する郷愁がなかったことがうかがわれる。17 世紀を迎えるまで子ども服がなかったという事実は、子どもは大人のお古を着るものであり、子どもらしい服を仕立てるという発想がなかったことを示している。あるいは子供らしさという観念の欠如は絵画の表現にも見て取れる。子どもという存在が無視され、見捨てられていたというわけではないにしても、大人から区別する特別な意識が彼らに向けられていなかったのである。

　中世の子ども達は母親ないしは乳母の介助が不要になるとただちに、大人たちの共同体の輪の中に入り、日々の仕事に加わった。また、大人と共に遊び、ホッケーや球技に始まり、トランプやサイコロゲーム、それら卓上の遊戯につきものである賭け事まで興じ、時には猥雑な会話の飛び交う居酒屋にも顔を出すのであった。中世においては、子どもはあくまで「**小さな大人**」とみなされ

ていたのである。現代の私たちが子供に対して投影する愛らしさや、子どもは大人が大事に守り育てるものといった考えは、あくまで大人と子どもの線引きを前提としたものであり、この境界線は、時代が進んでいく中で次第に作られていったものである。

2 節　家族は子どもの教育に影響を与えるのか

1）子どもにとって家族は大切なものか―現代の子どもとその家族

　さて、本節では現代の子ども観を家族とのかかわりにおいて、そして私たちをとりまく社会とのかかわりにおいて捉えていきたい。前節において確認した西洋中世と比べてみると、現代の子どもは大人の庇護の下、特別な配慮を差し向けられる存在であり、その点において大人とは全く異なる世界に身を置いている。子どもの生活世界は、周囲の大人との関係性の中にあるはずだが、それを支えている第一のものはやはり家族であるだろう。では、現代の家族の特徴とはどのようなものだろうか。子ども観が決して普遍的なものではなかったのと同様、家族の在り方も時代によって異なり、常に一定の内実を備え、普遍の価値を持つ、といったものものではない。

　例えば、1953（昭和 28）年から 5 年ごとに実施されている統計数理研究所の日本人の国民性調査において、「あなたにとって一番大切と思うものはなんですか。一つだけあげてください」という自由記述の質問に対する回答では、1968（昭和 63）年までは「家族」と回答した人は 10％程度に過ぎなかったのが、1973年より徐々に増加し始め、2003 年には 45％に達し、「子供」という回答を含めれば、これ以後、50％を超えるようになった。これだけ見てみても、日本人の家族に対する意識がここ数十年で大きく変化してきていることがわかる。

　また、昨今の子どもに対する虐待などの暗いニュース報道等を受け、親子関係の希薄化や家庭の教育力の低下を嘆く論調もみられるが、その反対に、家庭でのしつけは衰退するどころか以前よりもはるかに熱心になされるようになってきているとの指摘もある。いずれにせよ、現代の私たちは家族に大きな価値をおき、しかも子どもの教育にとって重要な意義をもつものと見なしていることは確かだろう。

2）家族の愛情は子どもの教育に関わるか—近代家族と教育的関心の強化

　現代の日本より少し遡った時代の話からはじめよう。かつて「男は仕事、女性は家庭（家事と育児）」という**性別役割分業**が社会通念として広くいきわたっていた時代があった。このようなライフスタイルは近代社会に特有のものである。工業の発展や都市化の進展の中で、仕事と家事、家の内と外、それぞれの役割が性別に張り付けられる形で切り分けられ、時代の趨勢にマッチした特徴的な家族形態が生まれてくる。近代社会に適合したこのような家族の在り方は、**近代家族**と呼ばれる。なるほどこのような家族のモデルは、夫が外で雇用され、妻が家事に専念することが可能な社会が成立していなければ、ありえなかっただろう。それ以前の社会においては、夫も妻もそして子どもさえも、ともに生産活動に従事しており、これらの活動は生活の中に埋め込まれたものであったため、仕事と家事の区別も曖昧なものであった。社会の在り方に応じて家族の在り方も変わっていったのである。

　そもそも家族とは、夫婦という男女の横のつながりに、親子という縦の関係が含み合わされて成立している関係のことをいう。縦の関係と横の関係のどちらを重視するか、という点に時代の違いや社会階層的な差異が表われる。親から子へと代々引き継がれていく縦の系列の関係性を重視するものを直系家族といい、日本においてはとりわけ明治期から戦前期にあって中心的なモデルとされた家族観であった。背景には、儒教的な道徳、具体的にいえば親の恩に報いる忠孝の義務など、修身や教育勅語を通じて公教育によっても支えられた価値観があった。これに対して、戦後は横の夫婦関係を中心とした家族の在り方、核家族ないしは夫婦を一単位とする家族が典型となった。核家族とは、夫と妻とがお互いに尊重しあいながら、双方の「個」としての自立性を認めつつ、またそれぞれの「家」の系列である親から距離をとることを前提として成り立っている家族形態である。

　核家族は、主にサラリーマンの夫と専業主婦によって構成され、旧来の家制度に見られた子どもから親への恩ではなく、親から子どもへの愛情が重視された。とりわけ、母親が子供に与える愛情をさして母性という言葉が用いられるが、この母性という概念は大正から昭和の初期にかけて登場した概念だといわれており、非常に強力な教育的含意をもつものであった。

　一見するところ愛情とは素朴なものであり、旧来の孝とは異なって、子どもを親の意思の下に管理しようとする観念からは程遠いものであるように思われ

る。しかし、時に子を思う愛情は、子の行く末を案じ、先回りして道を整え、親が与えるもの以外の行動を排除するように働くこともある。このような子どもへの教育的配慮を伴う母の愛情は、大正期になって都市の新中間層の家庭でひろまっていったものと言われている。新中間層とは、資本主義が発展していく中で新たに誕生した階層であり、家業を継ぐ必要のない農村の次男や三男を父親とすることが多かったと言われる。彼らは生まれ育った共同体を離れ、地縁や血縁に依らずに、個人の努力、学業、能力によって職と地位を築かねばならい者たちであった。そのため、親としてわが子を人並み以上によりよく育てる、という意識を家庭の中に強くもたらすようになった。

　こうして、日本における近代的子ども観と子育ての文化は、20世紀初頭に姿をあらわし、時代の関心に共鳴した自由・自立を標榜する教育の運動の興隆や児童文化の振興、小児科医や心理学者たちによる育児書の数々の出版、そしてこれらの動きと軌を一にして子育てに自己実現を見出す母親たちが現れた大正期から昭和初期の都市の新中間層において進行していき、親の教育の責任を強く意識する**教育家族**が生み出されるようになった。

3）学校の成績と家庭環境は関連があるか―文化資本と家庭の階層

　いくら家族が子どもの教育に大きな関心を寄せるようになったとはいえ、機能分化の進んだ近代以降の社会において、子どもの教育を担うのは家族よりもむしろ学校であると考えられよう。学校が教育のメインアクターとなった現代にあっては、その後景に退いたかに見える家庭の教育上の機能は一層見えづらいものとなった。

　フランスの教育社会学者ブルデューは、無意識レベルにまで身体化された文化が行為や価値判断に及ぼす傾向性のことをハビトゥスと呼んだ。家庭は、このハビトゥスが培われる重要な場の一つである。

　例えば、普段の言葉遣いや感受性は、学校において習得される以前のものである。親が高学歴で高収入など、上層階級の子どもたちは、家庭において予め論理的な言葉遣いに馴染んでおり、また家庭の本棚には多くの書物があり、そのため読書経験も豊富、そして休日には家族で美術館・博物館に出かけるなど、身近なところに芸術・文化に触れる機会もある。高い階層の両親のもとでは、じきに学校で習うような教養と通じた経験を生活の中に自然と組み入れやすい。反対に、低い階層の子どもたちは、そういったものがなく学校文化とは異なる

ハビトゥスを予め身につけてしまった上で学校へやってくる。そのため、後者の家庭に育った子どもからは、学校がどこか不自然な空間として感じられやすい。仮に学校で同じ教育が提供されたとしても、家庭において培われたハビトゥスが学校での学習成果に差を生む。

　こうした上層の階級が慣れ親しんでいる高尚な文化は、経済資本と同様の働きをすると考えられ、それぞれの家庭が蓄えた文化的な能力や文化財は文化資本と呼ばれる。文化資本は社会的地位の維持、上昇とかかわっている。学校教育制度は、文化資本を持つものを高い地位にとどまらせ、あるいは押し上げ、持たざる者を締め出すように配置する仕組みになっていると指摘してきたのが文化再生産論である。これによれば、学校教育が子供に教える知識は、完全に中立でもなければ、客観的な基準から選ばれたものでもなく、上層階級の利に資するような基準から選別された知識であって、じつのところ自由や平等といった理念に対して離反するような機能をはたしている。このような観点に立つとき、学校教育に関して家族が子どもに与える影響は、家で親が宿題の面倒を見るか否か、塾に通わせるか否かといったこと以上に、生活自体の中に含まれた大きいものであることが伺われよう。

３節　これからの家族と子ども

　本章では、西洋の紀元前から現代の日本にいたるまで、様々な視点から子どもという存在にせまり、現代の我々が抱いているような子ども観も家族と子どもの関係性も決して普遍的なものではなく、社会のあり方に応じて、やがては変化していくものであることを確認してきた。最後に、これからの家族と子どもについて触れ、本章を終えたい。

　現代では、もはや近代家族という家族のモデルが成り立たなくってきたといわれている。女性の就業意識の高まりや、職場への進出によって性別役割分業という近代家族の前提が大きく揺らぎ始めたのだ。共働き夫婦も年々増加し、「男は仕事、女性は家庭」という旧来型の家族像は崩れつつある。仕事と子育ての両立は家族の新たな悩みの種となっており、子育て支援が社会の急務の課題と認識されている。さらに近年では、女性の旧来型の性別役割分業への回帰志向も見られ、家族のあり方はいっそう単純なものとはいかなくなっている。その他方で、「男は仕事、女は家庭と仕事」という新たな性別役割分業ともいう

べき事態も指摘されている。従来どおりの家事負担を維持したままでの女性の就労という事態の裏には、子育て期にある 30 代から 40 代の男性の長時間労働といった問題もある。

　ところで、こうした家族の変容の原因を女性の社会進出に帰す語り口は、前時代の物差しに縛られたものであるという点には注意が必要である。いま、子どもとその家族に生じているのは、ひとり親の家庭も含め、両性の親がともに労働のために多くの時間を割かねばならなくなってきているということである。くわえて、昨今活発になってきているセクシャル・マイノリティや同性婚に関する議論を踏まえるならば、両性という言い方にしても暗に異性婚を前提としており、家族のあり方を普遍的なものとみなす思考にすでに足をとられてしまっているといえるだろう。

　こうした家族のあり方の変容は、おそらくは新しい子どもの捉え方をも伴うものになるだろう。そのとき、教育にもまた新たな局面がもたらされるに違いない。これからの教育を思考していくにあたっては、何らかのあるべき姿や理想像に基づき家族のあり方を型にはめて捉えようとするよりも、多様な家族があり得るという現実を踏まえ、むしろその多様性によって発展していけるような社会を展望することこそが、未来を担う子どもとその家族にとって、真に求められるものではないだろうか。

【参考図書】

広田照幸 1999　日本人のしつけは衰退したか—「教育する家族」のゆくえ　講談社
フィリップ・アリエス、杉山光信・杉山恵美子訳 1980　〈子供〉の誕生－アンシャン・レジーム期の子供と家族生活　みすず書房
ブルデュー、パスロン、宮島喬訳 1991 再生産—教育・社会・文化　藤原書店、

【引用・参考文献】

梅根悟 1961 教育の歴史 新評論
太田素子 2007 子宝と子返し—近世農村の家族生活と子育て　藤原書店
クーランジュ、田辺貞之助訳 1956　古代都市　白水社
ジェーン・R・マーティン、生田久美子監訳 2007　スクールホーム〈ケア〉する学校 東京大学出版会
沢山美果子 1990 教育家族の成立 中内敏夫、田嶋一、福田須美子、野本三吉編 教育—誕生と終焉 藤原書店

総務省　2013　労働力調査　平成 25 年

統計数理研究所　2013　国民性の研究　第 13 次調査

ドゥモース、宮澤康人他訳　1990　親子関係の進化　海鳴社

広田照幸　1999　日本人のしつけは衰退したか　講談社

フィリップ・アリエス、杉山光信・杉山恵美子訳　1980　〈子供〉の誕生－アンシャン・レジーム期の子供と家族生活　みすず書房

ブルデュー、石井洋二郎訳　1990　ディスタンクシオン―社会的判断力批判　Ⅰ・Ⅱ　藤原書店

ブルデュー、パスロン、宮島喬訳　1991　再生産　藤原書店

柳田國男　1930-1931　明治大正史　第 4 巻　世相篇　朝日新聞社

プルタルコス　1996　プルタルコス英雄伝（上・中・下）　村川堅太郎編　筑摩書房。

❏コラム　カリキュラムと家庭生活

　教育にカリキュラムはつきものである。そもそもカリキュラムとは走路（コース）を意味し、ラテン語で走るという意味の currere という言葉を語源にもつ。もし、教育内容が整然と体系立てられたものでなく、順序も行き当たりばったりだとしたら、その教育に不安を覚えるかもしれない。しかし、これは非常に学校的な考え方である。ためしに学校システムを家庭の生活に持ち込んでみると、その息苦しさがわかるだろう。おそらく、普段の生活は活動内容も時間も細やかに刻まれてはおらず、例えば空いた時間でテレビを見ながら洗濯物をたたむなど、ゆるやかに運用されていることだろう。その意味では、学校での生活は家庭のそれに比べて幾分不自然なところがあるのかもしれない。

　このギャップは、教育学において、しばしば議論の的とされてきた。例えば、大正期には「教育即生活論」の流行があった。学校での学習と普段の生活との乖離を批判した篠原助市の主張に端を発するものである。様々な教育者、学者がこの説に呼応し論争を呼んだ。なかでも、日本の幼児教育の立役者となった倉橋惣三の主張は現代でも保育分野に大きな影響を与えている。生活と教育との懸隔を埋める倉橋の実践は、参観する保護者に「いつ保育が始まるんですか」といわしめたエピソードを残しているほどだ。生活との連続性を考慮する保育のカリキュラムにおいて特徴的なのは、教科目という視点ではなく領域として子どもの育ちが捉えられている点である。現在、幼稚園の保育の内容には健康、人間関係、環境、言葉、表現の 5 領域が存在しているが、それぞれの領域が互いに関わりつつ生活の中に溶け込んで成立していると考えられている。家庭での生活においても教科型のカリキュラムが存在しない分、教育としては見通しのきかない点も多い。しかし、これまで学校と家庭は子どもの教育を担うよきパートナーであったし、これからもそうあるべきだ。家庭と学校の連携は今後益々求められるだろう。

4章 西欧における近代以前の教育

今日の日本の教育についての考え方、そして教育を支える仕組みは、多くの人の努力によって長い時間をかけて作り上げられてきたものである。もちろん日本列島という地理上の枠組みの中では、中国大陸や朝鮮半島との交流を通じて作り上げられてきた教育についての考え方や仕組み、習慣もある。しかしながらこの章では、日本の教育に影響を与えたもう一つの潮流である西欧の教育のあり方を辿ってみたい。なぜならば、今日の日本の教育を作り上げる一つの画期は、明治時代に行われた一連の改革に求めることができるからである。つまり、江戸時代から明治時代への転換期に日本は西欧において発展した教育のあり方を大幅に取り入れたのである。そうであれば、西欧の歴史の中で教育のあり方が発展してきたあとを辿ることで、今日の教育を考える糸口を見つけることができるのではないか。そして、この西欧の教育のあとをたどるとき、今日の教育について当たり前だと考えられていることが実は、それぞれの時代と状況の中で形づくられたものであることが明らかになるだろう。近代以前の西欧の教育を学ぶことで今日の教育を考えるための視点を手に入れよう。

1節 古代の教育―古代ギリシャ、ローマの教育

人類が誕生して以来、子どもはどのようにして大人になっていったのだろうか。生きていくうえで必要な技術は、教える目的や特別の方法が意識されることはなく、大人から子どもへと伝えられていったと考えることができる。狩猟や採集、農耕などの日常生活の実践を通じて、生活をともにする人々からなる共同体の約束事が作られて共有されていった。教えたり、学んだりすることは、生活の中に埋め込まれていたのであって、今日の教師のような教える専門家がいたわけでも、学校の仕組みが整っていたわけでもなかったのだ。だがやがて、特別に教育や学校の仕組みを生み出す社会が現れるようになる。

1）レトリックと教育―ソフィストの活躍―

　紀元前10世紀から20世紀ころの地中海世界、なかでもバルカン半島やアナトリア半島、クレタ島に囲まれたエーゲ海地方は、気候は温暖で海洋も穏やかであり、交易に適した暮らしやすい場所だった。ギリシャ文字を経由してアルファベットに発展していく文字が使われたのもこの地方である。

　西欧の教育の源流は、このエーゲ海地方に求めることができる。エーゲ海地方では、紀元前8世紀ころからポリスという小さな都市国家が作られるようになった。その中でも力をつけたのが古代ギリシャのアテナイだった。

　アクロポリスの丘に建つパルテノン神殿や円形劇場で有名なアテナイは、やがて他のポリスを束ねる古代ギリシャの盟主となった。紀元前450年よりも前の出来事である。アテナイでは市民であれば誰でも、政治に参加することができた。

　では、政治に参加するにはどのようなことが必要とされたのだろうか。たとえば、頼りがいがあり、信頼のおけそうな人であれば、人々から支持をとりつけて、政治を

写真4-1アクロポリスの丘

担うことができるだろう。アテナイで求められたのは、多くの人々の前で語り、説得して人を動かすすべ、つまり、**レトリック**であった。これを教えたのが**ソフィスト**と呼ばれる人々である。ソフィストはアテナイの周辺の地中海世界に生まれ、各地を巡った経験のある人が多かった。ソフィストらは法や習慣がそれぞれの地域で異なることを知っていた。ソフィストは「知者」（ソフォス）であったのである（熊野 2006、pp.58-59）。「人間はすべてのものの尺度である―あることについてはあるということの、あらぬものについてはあらぬということの」（ディールス／クランツ 1997, 28: 『著作断片』1）。こう述べた**プロタゴラス**（Prōtagoras, A.D. 485-A.D. 410）は、普遍的な基準は存在せず、人間が物事を考える際の尺度になると考えたソフィストの代表である。

写真4-2　イソクラテス

　ソフィストの教育は人気を集めた。ソフィストの一人である**イソクラテス**（Isokratēs, A.D. 436-A.D. 338）はアテナイに修辞学校を開いている（廣川 2005、p.34）。だが、いくら話すのがうまくても、それがうわべだけのものであっては人々を説得することは難しい。話術だけではなく、文法や政治学、歴史学などありとあらゆる知識を駆使すること、そして声ぶりや身ぶりなど、実際に雄弁に語ることができるような身体に備わった知識も大切になる。さらには話術を悪用しないだけの道徳的な品性までもが教育の目標とされたのである（加藤 2009、p. 23）。ソフィストらはそれまで特権階級の人々のものでしかなかった知識を多くの人々のものにした。

2）哲学と教育―知を愛する人々

　ソフィストによって、知識が多くの人々のものとなったころ、アテナイは、ポリスとしての力が衰え始めていた。「人によって価値観が違ってもよいのではないか。人は人、私は私」、このような考え方、つまり相対主義の考え方が広まることになる。ソフィストらの教育は、伝統的な社会が行う、知識や価値を画一的に伝達する教育のあり方をゆるがした。

　だが、何かを知っているということは、そもそもどのようなことなのだろう。たとえば、戦場で戦った経験のある戦士は勇敢であることを知っているかもしれない。だが勇敢であることと野蛮であることの違いはどのように説明できるだろうか。ことはそう単純ではない。それにも関わらず、多くの人は知っていると思っているのだ。これに対して、**ソクラテス**（Sōkratēs, A.D. 470頃-A.D. 399）は、「私は知らないので、そのとおり知らないと思っている」（プラトン 1998、p. 23:『ソクラテスの弁明』21b）というのである。ソクラテスは知者（ソフィスト）ではなかった。知らないと思えばこそ、「知を愛し、もとめる者」（フィロ・ソフォス）だったのである（熊野 2006、p.70）。このように、ものごとを批判的に考えて、捉えなおす**哲学**（フィロソフィー）もまた教育に影響を与えた。

写真 4－3　ソクラテス

だが、どうだろう。ソクラテスのように毎日の生活の中で逐一、ものごとを根

本的に捉えなおしていては、生活にもさしさわりがでてしまいかねない。衰退するアテナイがスパルタとの戦争に負けた後、ソクラテスは危険な人物とみなされ、死刑を言い渡されてしまう。それでもソクラテスの意志は受けつがれていく。現実の世界とは別の世界に理想像（イデア）があると考えた**プラトン**（Platōn, A.D. 428/427-A.D. 348/347）、あくまで現実の生活の経験や自然界に存在する事物の観察を通じて真理を導こうとした**アリストテレス**（Aristotelēs, A.D. 384-A.D.322）はそれぞれの哲学を発展させた。

　お互いに異なる点もあるレトリックと哲学の伝統だが、両者はパイデイア（教養、人間形成）をめざすという点では共通していた（沼田 2000、p.36-39）。レトリックと哲学はこうして古代ギリシャにおける教育の二大潮流となり、ローマの教育に引き継がれていくことになるのである。

3）ローマの教育

　古代ギリシャでポリスが栄えたのとちょうど同じころ、イタリア半島のなかほど、ローマでも都市国家が作られ、文化が栄えた。ローマでは、選ばれた代表者の話し合いによる政治、つまり、共和制の仕組みが大きく発展した。ローマはやがて現在のイングランドを含むヨーロッパのほとんどの地域、アフリカ北部やアジアの一部までをも支配下におさめるローマ帝国を建国することになる。ローマ帝国では、帝国を統治する法の仕組みが整えられた。また、石畳の道路が帝国のあらゆる地域に巡らされるなど、土木・建築技術も高度に発達した。

　そのローマでは、6 世紀ころに、教える内容、つまり教育課程が整備された。これが**自由七科**（セブン・リベラル・アーツ）の始まりである。自由七科は、文法、修辞学、論理学（弁証法）といった思考の枠組みの基礎的な部分に関する三科と算術、幾何（地理と博物）、天文学、音楽といった教える内容を重んじる四学から構成される。自由七科の中心には哲学がおかれたが、やがてキリスト教の影響が大きくなるにつれて、神学が学問の中心となっていった。ローマで確立した自由七科はこのあと、17、18 世紀にいたるまで西欧の中等教育、高等教育における主たる学習内容となるのである。

2 節　西欧中世の教育―キリスト教の成立

1）キリスト教の成立

　西欧の教育を考えるうえで、古代ギリシャやローマの遺産と並んで欠かすことができないのが、**キリスト教**における人間形成の考え方である。ではキリスト教はどのように成立し、教育のあり方に対してどのような影響を与えたのだろうか。

　『旧約聖書』を聖典とするユダヤ教の影響を受けつつ、刑死したイエスの復活を信じる人々によって信仰されたのがキリスト教である。キリスト教は古代ギリシャで都市国家が成立し、文化が花開いたのと同じ時期、今日の北アフリカから中近東地方にかけての地域で形成され、やがて多くの人々の支持を獲得していった。キリスト教は当時、社会の中で必ずしも恵まれた生活をしていたわけではない人々を救済する考え方をもっていた。それゆえにローマ帝国の為政者らは当初、キリスト教を危険思想とみなしてキリスト教徒を弾圧したのである。

　弾圧を受けたものの、キリスト教は確実に人々の間に広まっていった。その勢いはもはやローマ帝国にとっても無視できないものとなったのである。そしてついにローマ帝国は、キリスト教が社会の統治にとって有効であると考え方を変え、392 年にキリスト教を公式の宗教、つまり国教とするにいたった。

　キリスト教は宣教師によってヨーロッパ中に広められ、ヨーロッパの各地に教会や修道院が作られていった。教会では結婚式や葬儀をはじめとして様々な集会が行われた。近くに市場がたつこともあった。ミサと呼ばれる祭礼では、聖歌隊による合唱や司祭による説教が行われた（ギース／ギース　2006、pp. 103-113/pp. 173-179）。比較的裕福な家庭の子どもは司祭による基礎教育を受け、さらには大聖堂の附属学校で教育を受ける機会を得たのである（ギース／ギース 2006、p. 216）。中世の西欧においては、キリスト教は人々の生活に根ざしていた。そのため、キリスト教における人間像や人間形成モデルが、人々の成長や発達に対して影響を与えていたと考えることができるのである。

2)「神の像」をめざす人間形成モデル―アウグスティヌスの人間形成思想

　キリスト教において、人間はあらゆる動物の頂点として、神と同じようなものとして神によって作られた（「創世記」『旧約聖書』）とされる。それにも関わらず、人間は神の教えに背き、原罪を負ってしまう。このとき、人間は神とはまったく別のものになってしまったのである。ではその先、人間はどのようにして生きていけばよいのだろうか。この問いに対する答えは、神になることができない人間は、少しでも神に近い姿、つまり「神の像」を理想像として目指すべきだというものであった。

　中世のキリスト教神学が成立するときに大きな影響を与えたのは、**アウグスティヌス**（Aurelious Augustinus, 354-430）である。アウグスティヌスはプラトンの考え方を引き継いだ人物であり、神（イデア）を基準にして教育を考えていた。「外に出てゆかず、きみ自身のうちに帰れ。真理は人間の内部に宿っている。そしてもしも、きみの本性が変わりゆくものであることを見出すなら、きみ自身を超えてゆきなさい」（アウグスティヌス 1989、p. 359:『真の宗教』第 72 節）。アウグスティヌスは、まずは自らの内面のうちに真理があると考えた。だが、内面を振り返ることで真理に到達することは難しい課題である。だからこそ、アウグスティヌスの考え

画 4－1　アウグスティヌス

は、内省だけを促すものではなかった。むしろ、内省を行うことによって人間は神の恩恵を受けることができ、「神の像」へと変えられていく。アウグスティヌスは人間形成のあり方をこのように考えていたのである。

3）トマス・アクィナスの人間形成思想

　人間には、よりよくなるための素質が生まれながらに備わっているかもしれない。だが、どれほど優れた素質をもった人であっても、日々の生活をふしだらに送れば、せっかくの素質も台無しになってしまう。ではどうしたらよいのか。よい習慣によって生活をすることで、優れた人間的な徳がつくられる、さらには神の恩恵も受けることができ、よりよい人になることができる、そう考

えた人がいた。西欧中世の神学者、**トマス・アクィナス**（Thomas Aquinas, 1225-1274）である（菱刈 2013、pp. 110-111）。アクィナスはアリストテレスの考え方に影響を受けていた。中世のキリスト教神学を方向づけたのはアウグスティヌスであったが、これを完成させたのはアクィナスであった。

アクィナスは知性を、もっぱら物事を考える事に関わる知性、つまり思弁的な知性と、日々の生活や行動に関わる知性、つまり実践的な知性の二つに分けて考えた。思弁的な知性は、真理に関するものである。これに対して実践的な知性は、思弁的な知性によって考え出された真理を行動と関連づけて実行に移すものである（菱刈 2013、p.111）。教育や人間形成に関わる知性は、

画 4-2　アクィナス

この二つの知性を統合したものとなる。たとえば、人間や社会はどのようなものか、という知識を扱うのは思弁的な知性である。これに対して、社会の中でいかに生きるのか、そしてどのように振る舞うのか、ということを扱うのが実践的な知性である。知性はどちらかに偏ってはいけないのであり、両者を合わせて考えて日々の生活を送ることが重要だとされたのだ。

中世のヨーロッパには古代ギリシャの知的遺産は、実はわずかしか残されていなかった。古代ギリシャの知的遺産を書物として保存し、詳細な註釈を付けて整理していたのはイスラーム世界を中心に活躍したムスリムの学者であった。**イブン・ルシュド（アヴェロエス）**（Ibn Rushd, 1126-1198）はその代表である。アクィナスもまたイスラーム世界で受けつがれたアリストテレスの著作に接し、ムスリムの学者と議論をする中で、独自の人間観や神学思想を形成していったのである。

3 節　ルネサンス、宗教改革と教育

1）ルネサンス—古代文化の再興と教育

時代が下り、ヨーロッパ各地の都市は十字軍の遠征や交易を通じて経済的に豊かになった。また、コロンブスが北アメリカに到達したり、バスコ・ダ・ガ

マがアフリカの喜望峰をまわってヨーロッパとインドの間の航路を開くなど、西欧にとって地理上の広がりがあった。時代が新しい局面を迎える時、人々の考えはどのようになるのだろうか。

　この時代、およそ 14 世紀から 16 世紀にかけて起きた運動が**ルネサンス**（再生）である。ルネサンスは、いきいきとした文化、人間らしさを古代に求めて再生しつつ、新しい文化を創造する営みであった。文芸、音楽、建築、絵画等は中世からルネサンス期に大きく変化した。

　ルネサンス期に始まる**ヒューマニズム**の潮流はその後の時代に大きな影響を与える。ヒューマニズムは人間性や教養を意味し、学問を修めることは、人間をあるべき姿に導くことであると考えられたのである。その先鞭をつけたのがペトラルカ（Francesco Petrarca, 1304-1374）である。抒情詩集『カンツォニエーレ』（1350）は西洋の恋愛詩に大きく影響した。彼による一連のラテン語著作は、古代の言葉に注目しながら、古代の優れた文化の再興を試みるものであった。古代の作家の作品を読むことには人間形成上の意義があると考えられたのである。

　ヒューマニズムの影響はヨーロッパ中に広まった。たとえば、オランダに生まれた**エラスムス**（Desiderius Erasmus, 1469 頃 -1536）は『痴愚神礼賛』（1509）を著して、教会の偽善を告発するとともに、子どもには図や絵を使いながら言葉を教えることを主張した。

　だが、ルネサンス期に生まれた考え方は当時、正統とみなされた教会の考え方と異なる場合があった。そのために新しい知見を発表することはときに命がけだったのである。教会からの告発を避けるためもあって、コペルニクス（Nicolaus Copernicus, 1473-1543）が地動説を唱えた『天体の回転について』を発表したのは死の直前であった。科学や文芸に通じた知識人**ジョルダーノ・ブルーノ**（Giordano Bruno, 1548-1600）はイギリスやフランス、スイス等を遍歴した後、処刑されてしまう（加藤 2000、pp.62-63）。こうして既成の権威と向き合う緊張関係の中で新たな知識が紡ぎだされ、受けつがれていったのである。

2）人々のための教育と学校の萌芽―宗教改革と教育―

　再生の動きはキリスト教の内部でも生じていた。イングランドのウィクリフ（John Wycliffe, 1330-1384）は教会の形式的な権威を否定し、聖書を重視した。旧約聖書をはじめて英語に訳したのはウィクリフである。ボヘミア（現在のチ

ェコ）のフス（Jan Hus, 1370-1415）もまた、宗教改革を指導し、チェコ語を整え、聖書のチェコ語への翻訳を準備した。ドイツでは、**ルター**（Martin, Luther, 1483-1546）が『95 ヵ条の提題』を発表し、教会のあり方を批判した（深井 2017、pp.25-26）。

画 4－3　ルター

　なかでもルターの宗教改革をくわしくみていこう。当時の教会は、蓄財をしないよう人々に説いていた。それにも関わらず、教会は有料の免罪符を販売することで人々の罪を許していた。教会自らは、教説に反して資金を蓄えていたのである。この矛盾した教会のあり方にルターは異議を唱えた。実は聖書をよく読めば分かることなのだが、聖書には免罪符に関する記述はなく、免罪符は教会が自分たちに都合がよいように作り出したものだったのである。ルターは、ラテン語によって書かれた聖書の知識を教会が独占していることに諸悪の根源があると考えた。こうしてルターは、人々が聖書に基づいた信仰ができるように、聖書を日常生活で使われるドイツ語に翻訳したのである。ルターにはじまる教会のあり方を正そうとする運動はやがてカトリック教会に対する抵抗勢力（プロテスタント）となる。その後、カトリックの内部でも自らを刷新する運動が行われた。

　聖書の内容をより多くの人々が読めるように、母国語へ翻訳する運動は、識字がより多くの人々の間に普及するきっかけとなった。こうした時代の動きはコメニウス（Johann Amos Comenius, 1592-1670）らによる近代の教育思想へと受け継がれていく。それは、今日の義務教育にもつながる教育の考え方の萌芽なのである。

【参考図書】
真壁宏幹編　2016　西洋教育思想史　慶應義塾大学出版会

【引用・参考文献】
アウグスティヌス（茂泉昭男訳）　1989　アウグスティヌス著作集（第二巻初期哲学論集(2)）　教文館
天野郁夫　2006　教育と選抜の社会史　ちくま書房
隠岐さや香　2011　科学アカデミーと「有用な科学」―フォントネルの夢からコ

ンドルセのユートピアへ─ 名古屋大学出版会

加藤守通　2000　無限への飛翔─ジョルダーノ・ブルーノとルネサンス─ 沼田裕之／加藤守通編著　文化史としての教育思想史　福村出版　pp.62-82

加藤守通　2009　レトリックと教育　今井康雄編　教育思想史　有斐閣　pp.15-30

ギース、J.／ギース、F.（青島淑子訳）　2006　中世ヨーロッパの都市の生活　講談社

熊野純彦　2006　西洋哲学史─古代から中世へ─　岩波書店

小林章夫　2000　コーヒー・ハウス─18世紀ロンドン、都市の生活史─　講談社

三時眞貴子　2012　イギリス都市文化と教育─ウォリントン・アカデミーの教育社会史─　昭和堂

ディールス、H.／クランツ、W.（内山勝利他訳）　1997　ソクラテス以前哲学者断片集（第V分冊）　岩波書店

沼田裕之　2000　古代ギリシアとロゴスの教養教育─おしゃべりが生んだ弁論家と哲学者─　沼田裕之／加藤守通編著　文化史としての教育思想史　福村出版、pp.19‐41

菱川晃夫　2013　習慣の教育学─思想・歴史・実践─　知泉書館

廣川洋一　2005　イソクラテスの修辞学校　講談社

広田照幸　2016　学問の自由の危機─自由な社会のために─　広田照幸／石川健治／橋本伸也／山口二郎　学問の自由と大学の危機　岩波書店　pp.71-86

深井智朗　2017　プロテスタンティズム─宗教改革から現代政治まで─　中央公論新社

プラトン（三島輝夫／田中享英訳）　1998　ソクラテスの弁明・クリトン　講談社

安原義仁／大塚豊／羽田貴史編著　2008　大学と社会　放送大学教育振興会

安原義仁／ロイ・ロウ　2018　「学問の府」の起源─知のネットワークと「大学」の形成─　知泉書館

吉見俊哉　2011　大学とは何か　岩波書店

□ コラム　大学はどのように生まれ、発展したのか

大学は中世の西欧で生まれた。当時の西欧には今日のような国境はなく、知的好奇心の強い人々は知を求めて自由に移動をした。講義や翻訳、議論を通じて教え合い、学び合う人々の共同体は同業組合（＝**ウニヴェルシタス**）であった。なかでもイタリアのボローニャやサレルノ、フランスのパリが有名である。これらが学問の府、つまり今日の大学の原型となった（安原 2008、p.14）。

しかし大学は、しばしば街の人々と諸役や待遇をめぐって緊張関係に陥った。対立した大学の人々は新たな場所を求めて移動をした。パリからイングランドへ行き、オックスフォードにたどり着いた人々の共同体はオックスフォード大学の原型となった。さらに、オックスフォードでの対立をきっかけにケンブリッジへ赴いた人々は、今日のケンブリッジ大学の原型を作った。こうした街と大学との関係は、**タウンとガウン**と呼ばれる（安原／ロウ 2018、pp.303-305）。

中世を通じて学問の中心となった大学だが、宗教戦争を背景にした対立や領邦君主の支配のために 17-18 世紀にかけて衰退する。印刷技術の普及もあって、新たな知は書物を通じて普及した（吉見 2011、pp.57-62）。この時期、大学に代わって文化が花開いたのは自由な議論が許された街中のコーヒー・ハウスであり（小林 2000、pp.26-31）、独自に知を究め教えていた**アカデミー**であった。たとえば、イングランドのウォリントン・アカデミーは都市の中で近代的なカリキュラムを提供したし（三時 2012、pp.8-10）、フランスの科学アカデミーは、実用的な技術や政策立案につながりうる「有用性」を提示するようになる（隠岐 2011、pp.136-144）。

19 世紀になると、大学は国家エリートの養成機関としての役割を期待された（天野 2006、pp. 73-78）。プロイセンのベルリン大学、フランスのグランゼコール、イングランドのオックスフォード大学はその典型である。国家からの期待や要望は新たな緊張関係を大学にもたらすこととなった。今日の大学は厳しい環境に置かれているが、知を自由に探究し発信することの意義が改めて注目されている（広田 2016、pp.84-86）。

5章 17・18世紀の教育と近代教育思想の形成

コメニウス、ロック、ルソーの教育論を中心に

1節 なぜコメニウスは『大教授学』と『世界図絵』を書いたのか―「教科書」による世界の提示

コメニウス[1]（J.A.Comenius, 1592-1670）が
生きた 17 世紀ヨーロッパは、伝統的社会から
近代社会へと向かう過渡期であり、それまでの
世界像そのものに対する見直しが迫られた時代
であった。同時に、17 世紀は、ガリレオやニュ
ートンが事実の観察に基づいて自然法則の探求
を始めた「科学革命の時代」であり、ヨーロッ
パのキリスト教社会において長らく信じられて
きた天動説に対して、地動説という新しい宇宙
論が登場する。自然科学分野における諸発見、
それに伴う学問分野の拡張と専門化によって、

画 5−1 コメニウス

中世以来のアリストテレス的な自然哲学体系への異議申し立てが行われる。さ
らに、大航海時代を経た新世界の発見はそれまでの世界地図の書き換えを促し、
航海術による流通の拡大によってさまざまな見聞や新発見の類が続々と届けら
れる。グーテンベルク以降の印刷技術の発展は、古代の作家の諸著作や聖書を
民衆の手に届くようにし、さらに各国語の書物や多国語対話の書物が大量に流
布した結果、それまでのヨーロッパ社会における政治・教会・学問に関わる唯
一の共通言語であったラテン語は、その確固たる地位の変更を余儀なくされる。

---

[1] モラヴィア（現チェコ）で生まれ、チェコ兄弟教団の最後の首席監督となる。
三十年戦争によって祖国を追われ、亡命生活のなかで多数の教育論を発表した。

こうした激動する社会のなかでコメニウスは「人類の破滅を救うには、青少年を正しく教育するより有効な道はほかにない」と、主著**『大教授学』**（Didactic Magna,1657 年）を執筆した。

1）あらゆる人に、あらゆるものを―『大教授学』

『大教授学』の内容と特色は、次のようなタイトルと長い「別名」によく示されている。

　あらゆる人にあらゆる事柄を教授する・普遍的な技法を提示する大教授学。

　別名　いかなるキリスト教王国のであれ、それの集落すなわち都市および村落のすべてにわたり、男女両性の全青少年が、ひとりも無視されることなく、学問を教えられ、徳行を磨かれ、敬虔の心を養われ、かくして青年期までの年月の間に、現世と来世との生命に属する・あらゆる事柄を僅かな労力で、愉快に着実に教わることのできる学校を創設する・的確な・熟考された方法。（中略）

　私たちの教授学のアルファとオメガは、教えるものにとっては教える労苦がいよいよ少なくなり、しかし学ぶものにとっては学びとるところがいよいよ多くなる方法、学校に鞭の音、学習へのいや気、甲斐なき苦労がいよいよ少なくなり、しかし、静寂とよろこびと着実な成果とがいよいよ多くなる方法、キリスト教国家に闇と混乱と分裂とがいよいよ少なくなり、光と秩序と平和と平安がいよいよ多くなる方法を、探求し発明することでなくてはなりません。

　上のタイトル（および別名）が物語るように、『大教授学』は狭い意味での教授の原理や技術だけではなく、教育の目的と内容、学校の必要性や制度論などを広く論じた書物である。ここでは、「誰に」「何を」「どのように」教えるのかという視点から、彼の教育思想の特色を大づかみに捉えていこう。

　まず、「誰に」についてである。コメニウスによれば、神に似せて創られた人間には、神の完全性をあらわすという特別な務めがある。その務めを果たすためには、「博識（人間と世界のあらゆる物事を知ること）」「徳行（あらゆる物事と自らを統御すること）」「敬神（それらを正しく神に秩序づけること）」という人間としての卓越性を発揮しなければならない。しかし生まれたときにはまだ、その「種子」が与えられているにすぎない。それを芽生えさせ、伸ばしてやるのが教育の役割だという。このような考察のもと、コメニウスは「貴族の子どもも身分の低い者の子どもも、金持ちの子どもも貧乏な子どもも、男の子も女

の子も、あらゆる都市、町、村、農家から学校へあがらなければなりません」と言い、その理由を「人間に生まれた者は誰でも、人間になる、つまり理性を備えた被造者となり他の被造物の支配者となり自らの創造主の・あざやかな似姿になる、という・同一の主目的をもって生まれた」からだと論じる。さらには「生まれつき知能の働きの低い者、鈍い者」であればこそ「魂の開発が必要」であり、「開発してもよくなる見込みがまるでないほどに乏しい知能は見られません」とも述べている（第 1 巻、pp.98-99）。そうした観点から彼は、すべての民衆に教育が必要であると説き、（あらゆる人）を対象とする 24 歳までの 4 段階の学校制度、「母親学校（幼児学校）」「母国語学校（初等学校）」「ラテン語学校（中等学校）」「アカデミア（大学）」の設置を構想したのである。こうした構想には、教育の機会均等や単線型学校制度の源流をみることができる。

　次に「何を」に関しては、『大教授学』のタイトルには「あらゆるものを」と書かれてある。けれども、コメニウスは次のようにも言う。「私たちがなにか、あらゆる人にあらゆる知識・技術の（とりわけ完全無欠な）習得を要求しているとお考えになってはいけません。そんなことは本来なんの役にも立たないのですし、また、私たち人間の一生の短さを考えれば誰にもできはしないのです」。つまり、彼の真意は「すべての人が、現世と来世で出会う・重要事柄のすべてについて、その基礎、根拠、目的をはっきりつかむこと」にあり、言い換えれば、「地上で私たちをとりまいている・さまざまな事物」を知り、「私たち自身」を支配し、「私たち人間の・いちばん完全な手本であるキリスト」から学ぶことの意義を強調している、と考えられるのである（第 1 巻、pp.103-108）。

　学校で教えられるものは、そうした観点から選択されなければならなかった。彼は、母親学校の教育内容を「形而上学の土台、自然についての知識の基本、光学の初歩、天文学のきっかけ、地理学の手始め、編年史の土台、歴史のきっかけ、算術の根、幾何学の初歩、計重学のきっかけ、工作労働の手ほどき、思考の技術、幼児の文法学、修辞学のきっかけ、詩の趣味、音楽の手始め、家政学の基本、政治学への関心、徳行への知識、神への帰依と敬神の心」の 20 項目に整理し（第 2 巻、pp.100-106）、後続の学校で、ほぼ同一の内容をさらに詳しく教えるカリキュラムを構想している。

2）印刷術の応用と『世界図絵』

　最後に「どのように」教えるかであるが、『大教授学』には全部で 37 の教授

原則（下位法則を含めると 80）が詳しく論じられている。例えば、教授・学習を「的確」に行うための第 1 の原則は「自然は、あわてない。ゆっくりと進む」であり、「Ⅰ.人間の形成は、人生の春いいかかえば、少年期に始めなくてはなりません。Ⅱ.午前中の時間が学習に最適です。Ⅲ.学習しなければならない対象は、皆、年齢の段階に応じて配置され、生徒の理解力が受け入れるもの以外はなに 1 つ学習させないようにしてほしい」（第 1 巻、pp.153-154）と、教育を改善するための具体策を提起している。

　こうした教授原則はラトケ（Ratke,1571-1635）ら先学たちの成果の集大成であるとともに、コメニウス自身が当時普及しつつあった印刷術にたとえて「教刷術」（didacographia）と名付けていたことが知られている。「用紙は生徒です。生徒の精神に知識という文字が印刷されるのです。活字は教授用図書とそのほかの教具です。これがあれば、学習しなければならない知識が苦もなく精神に刻み込まれるのです。インクは教師の肉声です。これが、事物の意味を脅威箇所から聴講者の精神に運び込むのです。圧印機は学校の規律です。教師の教えが、これによって、教えやすくなりますし、また、いやおうなく教え込まれるのです」（第 2 巻、p.137）。彼の願いは「子どもたちの折檻場」「知能の拷問室」であった学校を「教える者にとっては教える労苦がいよいよ少なくなり、学ぶ者によっては学ぶところがいよいよ多くなる」ように変革することであり、そのためにこそ、当時の最新のテクノロジーである印刷術に着目したのである。

　コメニウスは、子どもは学校において「あらゆる物事を教わらなければならない」とも言っており、「汎知（Pansophia）」を提示した。「汎知」とは、個々の知識が全体として相互に関連する、ということである。一定の秩序にのっとって知を示すことができれば、雑然と存在する現実世界の「あらゆる事象」を、ひとつの体系として認識できる。こうした着想からコメニウスは、個々の知識を正しく配置したあるべき世界の提示と伝達を教授の中核にすえ、それを容易にするための方法の探究や教科書の作成に取り組んだ。整理・分類した事物や事柄を言葉と結びつけて提示した『開かれた言語の扉』（1631）や、世界初の「挿絵入り教科書」として有名な『世界図絵』（Orbissensualium pictus,1658）である。コメニウスの教科書は母親学校の子どもたちが「感覚（視覚）を訓練して、身近にある事物の印象をしっかりと受けとること」（第 2 巻、p.107）を目的とするものであり、各国で翻訳され、子どもの読み物として受け入れられた。

3 ）一斉教授法の展開と普及

　「私は、教師ひとりで百人近くの生徒を指導することは可能である、と断言するばかりではありません。そうしなくてはいけない、と主張するのであります。なぜなら、その方が、教授者にとっても学習者にとってもまことに好都合であるからです。」（第 1 巻、p.216）

　コメニウスがめざした教育改革の方向性は、19 世紀後半以降、各国の近代国民教育制度の確立にともなって現実のものとなっていく。イギリスを例にあげれば、ベル（A.Bell,1753-1832）とランカスター（J.Lancaster,1778-1838）のモニトリアル・システム、オーエン（R. Owen,1771-1858）の性格形成学院、ウィルダースピン（S.Wilderspin,1791-1866）やストウ（D.Stow,1793-1864）のギャラリー方式など、さまざまな改革の流れを経ながら、今日のような「学級（学年制クラス）」にもとづく一斉教授法として普及・定着していった。

　今日では、受動的学習を招くと批判されることも多い一斉教授法であるが、コメニウスの時代には、鞭の教育を改善するための最先端の方法と内容の理論であったこと、そして、身分や貧富の差に関係なく学ぶことのできる単線的な学校を実現するための基礎であった。

2 節　なぜロックは『教育論』を書いたのか？
―子どもの心は「白紙」か

　ロック（John Locke,1632-1704）は、17 世紀イギリスに生きた思想家である。彼が生きた時代のイギリスは、ピューリタン革命（清教徒革命）、クロムウェル（Cromwell,O.,1599-1658）による共和国の成立、チャールズ 2 世による王政復古、そして名誉革命と続く、大きな変革の時代あった。時の権力とともに翻弄される宗教政策や教育、文化のあり方を身をもって体験したロックは、絶対主義的な王権に対してだけでなく、宗教的狂熱や不寛容に対しても激しい批判の態度を持つにようになり、名誉革命後は制限

画 5－2　ロック

された王権と議会による安定した秩序の確立を求める新体制の理論的指導者と

して活躍するようになった。

1）ロックの「白紙説」と経験主義

　物事の価値観が大きく変わっていく時代を生きたロックは、古いスコラ哲学的世界観に満足せず、物理学や医学など実験を用いた新しい学問に傾倒していった。スコラ哲学とは、簡単に言えば、当時のヨーロッパ世界を支配していたキリスト教的世界観に基づいた哲学のことであり、アリストテレス（Aristoteles,BC.384-322）の哲学とキリスト教の教義を融合させた壮大な理論体系であり、政治、宗教、学問など、当時の人々にとって基本的な世界観を提供していた。しかし、新しい学問は、スコラ哲学が発見できなかった科学法則や知識をもたらし、このことはスコラ哲学が提供してきた世界観をも動揺させることになった。こうして、ロックはスコラ哲学に疑いを持ち、新しい科学的知識に基づいたものの見方を打ち出し、人間の「知識」に関する独自の考察を深めていった。プラトン（Platon,B.C.427 ～ B.C.347）からデカルト（Descartes,R.,1596～1650）まで「知識」は「（神の観念や道徳原理などは）人間に生まれながらに備わっているもの」と考えられてきた（生得観念説）。しかしロックはこれに疑念を抱いた。もし知識が人に生得的に備わっているのだとしたら、人は生まれながらに「やってよいこと」「いけないこと」を、つまり道徳を知っていることになる。しかし実際には、この道徳的な基準は、いつでも、どこでも同じという風にはできていない。ということは、私たちは、道徳的な基準を備えて生まれてきているのではなく、何らの知識ももたない、いわば「白紙の状態（tabura rasa,タブラ・ラサ）」として生まれてきていたのではないか、生まれてから後に「経験を重ねていくことで」、「善いこと」「悪いこと」を始めとする様々な「知識を獲得してきた」のではないか、と考えた。ロックがこのように、人間の知性が生得的に与えられたものではなく、感覚を通して得られた経験を源泉にしていると論じ、生得観念説を否定したのは、『人間知性論』（1690）においてであった。

　「経験すること」を重要視したロックのこのような考え方は経験論と呼ばれている。経験論の立場に立つと、知識や習慣は、経験を通じて培われてくることになるので子どもにいつ、どのような経験をさせるべきか、が重要な教育の課題となる。

2）習慣形成と観念連合

　そこでロックは『教育に関する考察』（1693）という書物の中で、その具体的な方法を示した。「生まれてから後にどのような経験をしてどのような習慣を身につけていくかは、すべて教育によってつくられる」ものであるとするロックの教育論では、どのように習慣づけるか、が問題となる。なるほど、ロックの経験論にもとづけば、人は生得的なものを何も持たないで生まれてくることになるが、実際には感覚や活動衝動などは自然の傾向として備わっているものとされた。この自然の傾向はともすれば快楽に流されるため、早期に、理性で抑制することが求められたのである。こうした考え方に立脚し、『教育に関する考察』では、教育者のすぐれた練習と訓練による習慣形成の必要が説かれた。それは身体づくりや健康管理（体育）、欲求の抑制や勤勉（徳育）、知力の増進や自己啓発（知育）と多方面にわたって展開され、ロックの教育論を基礎づけるものとなった。

　『教育に関する考察』の大半は、しつけの方法に割かれている。これこそが、ロック教育論の革新的な要素であった。それは学習の基礎となる「習慣」を形成するものだからである。有徳な習慣をどのように形成するかという課題を解決するためのロックのアイデアは、「観念連合」であった。「観念連合」とは、本来お互いに関係のない複数の観念が結びつき、別の観念をつくりだしてしまう心の動きをしている（岩下　2009、pp.118）。たとえば、ロックは、学習を強制されてやらされる、という印象を子どもに与えてはならないという。たとえば文字の学習には、アルファベットが書いてあるカルタのようなものを利用したりして、遊びやゲームの要素を取り入れることを提案している。というのも子どもは遊んでいる時には、強制されているのではなく、自由であり、だからこそ楽しい気分に満たされているからだ。遊びがもつこの原理を利用すれば、学習という活動もまた、いつでも喜ばしい活動として子どもたちに習慣づけることができるという。こうすることで、学習は子どもにとっていつでも強制させられる、苦痛なものとして印象づけられることを避けることができるという。

　このようなロックの教育論では、子どもがいつ、どのような経験を通してどのような習慣を身につけるべきかについて、大人があらかじめ明確な目標を設定し、働きかけることを説いている。このことは、「10 人中 9 人までは教育によって良くも悪くもなる」という、遺伝や生得的な何かではなく、教育が人をつくるのだというロックの教育観をよくあらわしている。

3 節　なぜルソーは『エミール』を書いたのか？
―消極教育と「人間の教育」

1）フランス革命前夜とルソーの教育思想

　絶対王政の時代を迎えたヨーロッパは、18、19 世紀に**市民革命**と**産業革命**を経験した。旧体制（アンシャン・レジーム）の終わりが予感されるものの、来るべき社会の理想はいまだ描かれずにいた革命前夜に、新しい社会の理想とそこに生きる人間の在り方を求めて登場したのが、**ルソー**（J. J. Rousseau, 1712-78）の教育思想である。フランス革命の前夜のヨーロッパで、旧体制の矛盾を批判しながら、新しい社会を担う主権者たる市民をいかに形成していくかに取り組んだ思想家がルソーであった。彼の主著**『エ**

画 5 - 3　ルソー

ミール』（Émile ou de l'éducation,1762）は「子どもを発見した書」として有名であり、後世に大きな影響を与えた教育書の 1 つである。ルソーの『エミール』が出版された 1762 年には、『エミール』とならぶ彼の主著**『社会契約論』**も出版されている。『エミール』は教育論、『社会契約論』は政治論である。ルソーは市民革命によって新しく生まれる国家や政治のあり方を構想した。その際ルソーは、政治や社会がどうあるべきかということと、そこでの教育はどのようなものになるかということとを、同時に考えていたわけである。

　ルソーには**「万物をつくる者の手を離れるときすべては善いものであるが、人間の手にうつるとすべてが悪くなる」**という、自然状態を理想とし、人為によるものを悪とする考え方が根本にあったからである。ルソーがこのように考えるようになった背景には、当時の絶対王政下にあったフランス社会に対する批判があった。封建的な身分制度社会がもつ矛盾が、本来生まれたときは善良であった人間を邪悪なものにしてしまうと考えたわけである。人々の間にある不平等の起源は何かを考えたのは、『人間不平等起源論』（1754）においてであ

った。したがってルソーの教育論は、子ども自身の内側から育ってくる自然な成長に委ね、大人は外部の悪い影響を防いでやればよいとする教育論を展開することになった。

2)『エミール、または教育について』

（1）大人とは異なる存在としての子ども

　ルソーの教育論は、1762 年、家庭教師である「私」が「エミール」という名前の男の子を育てていくという小説『エミール　または教育について』にまとめられた。この本の序文には次のようにある。「人は子どもというものを知らない。（略）かれは子どものうちに大人を求め、大人になるまえに子どもがどういうものであるかを考えない」。ルソーは、『エミール』の序文でこのように述べ、子どもを探究するよう世の人々に呼びかけている。この呼びかけの本意は、どこにあっただろうか。

　近代以前の社会では、7、8 歳になると労働に従事しており、明確な「子ども期」は存在しなかった。労働力とならない乳児や幼い子どもの存在にも、人々は積極的な価値を見出していなかった。幼い子どもは手のかかる厄介者であり、その時期がただ早く過ぎることを期待されていた。

　人々が子どもを「小さい大人」とみていた時代に、ルソーは大人とは異なる独自の存在として子どもを描いたのである。それゆえ『エミール』は、「子どもの発見」の書といわれている。では、ルソーは、子どものどのような点に大人と異なる存在を見いだしたのであろうか。

　それは第 1 に、子どもは弱い者として生まれること、である。そして、その弱さこそが教育の必要性と学習能力（capables d'apprendre）を意味するとルソーは考えた。「わたしたちは弱い者として生まれる。……生まれたときにわたしたちがもっていなかったもので、大人になって必要となるものは、すべて教育によってあたえられる。」（上、p.24）、「わたしたちは学ぶ能力があるものとして生まれる。」（上、p.69）、「わたしたちは生きると同時に学びはじめる。」（上、p.24）

　第 2 に、子どもが大人とは異なる固有の時期あるいは価値を生きていること、である。「自然は子どもが大人になるまえに子どもであることを望んでいる。この順序をひっくりかえそうとすると、成熟してもいない、味わいもない、そしてすぐに腐ってしまう速成の果実を結ばせることになる。……子どもには特有

のものの見方、考え方、感じ方がある。」（上、p.125）。「子どもは獣であっても
成人した大人であってもならない。子どもは子どもでなければならない。」（上、
p.113）。「子どもをその年齢に応じてとりあつかうがいい。」（上、p.127）「人生
のそれぞれの時期に、それぞれの状態にはそれ相応の完成というものがあり、
固有の成熟というものがある」（上、p.271）

　だからこそルソーは、「不確実な未来のために現在を犠牲にするような残酷な
教育」（上、p.101）に明確に反対するのである。

　第3に、そうした子ども観の根底には自然（la nature）に従うべきだ、とい
う主張がある。彼が言う「自然」は多義的だが、子どもの成長や教育が植物の
アナロジー（類比）で語られるときは、習性や臆見によって変化する前の人間
本来の傾向を意味し、「能力と器官の内部的な発達は自然の教育である」（上、
p.24）とした。ルソーは、自然の歩みに即して人間の発達段階を子ども・青年・
成人の3つに大きくわけ、さらに子ども期を「ことば以前の、感じる存在の時
期」「ひとりで多くのことができるようになり、個人の生活が始まる時期」「力
の発達が欲望の発達を追い越す、理性のめざめの時期」に区切ってそれぞれ時
期にふさわしい教育のあり方を説いている。そうした発達段階の区分は、今日
においても、おおむね妥当なものである。

　近代における「子どもの発見」とかかわって、ここで紹介しておきたいのは、
アリエス（P.Ariès, 1914-84）の『〈子供〉の誕生―アンシャン・レジーム期の子
供と家族生活―』（1960）である。フランスの社会史家であるアリエスは、図像
記述や墓碑銘、日誌、書簡などを丹念にたどりながら人々の心性の変化を探り、
「中世社会では、子供期という観念は存在していなかった」（p.122）、「子供期
の発見は疑いなく 13 世紀に始まる。……だが、その進化を証言するものがとく
に多数となり重要となるのは、16 世紀の末から 17 世紀にかけてである」（p.47）
ことを明らかにした。アリエスによれば、大人とは区別される存在としての子
ども、保護され、可愛がられる対象としての子どもは、西欧近代において長い
時間をかけて形成され、人々に受け入れられていった観念なのである。

2）自然の歩みを重視する消極教育

　では、大人とは異なる存在としての子どもには、どのような教育を行うべき
なのだろうか。

　それを考えるとき、ルソーの有名な言葉、「万物をつくる者の手をはなれると

きはすべてよいものであるが、人間の手にうつるとすべてが悪くなる。」（上、p.23）が思い起こされる。彼は、堕落した社会に子どもを放置すれば、人間がつくりだしたものが善なる本性（自然）を破壊してしまうと考えた。だからこそ、「若い植物が枯れないように、それを育て、水をそそぎなさい。……あなたの子どもの魂のまわりに、はやく垣根をめぐらしなさい。」（上、p.24）と言うのである。

そうした人間観・社会観から、「消極教育（l'éducation négativ）」と呼ばれる独特の教育が構想されていった。「初期の教育はだから純粋に消極的でなければならない。それは美徳や真理を教えることではなく、心を不徳から、精神を誤謬から守ってやることにある。あなたがたがなに一つしないで、なに一つさせないでいられるなら、あなたがたの生徒を、右手と左手を区別することも知らせずに、健康で頑丈な身体にして十二歳まで導いていけるなら、あなたがたの授業の第一歩からかれの悟性の目はひらけて理性の光をみるだろう。」（上、pp.132-133）「熱心な教師たちよ、単純であれ、慎重であれ、ひかえめである。相手の行動をさまたげるばあいを除いてはけっしていそいで行動してはいけない。……悪い教育をあたえることにならないように、よい教育をできるだけおそくあたえるがいい。」（上、pp.138-139）

ルソーによれば、ロックを始めとするこれまでの教育論では、子どもが大人になるまでにどのような知識を身につけておくべきか、という観点からばかり教育を考えている、という。これに対してルソーの教育論では、子どもが一体何を学びたいと考えているのか、から出発していく。教師の役割は、子どもの内から生じてくる自然な活動や欲求をよく観察し、これを援助することだというのである。

たとえばルソーは『エミール』の中で、ようやく歩き回れるようになった子どもに対して、大人たちは、怪我をしないように注意する必要はないというのです。たとえ転んで鼻血を出したり、膝を擦りむいたりしても、心配して駆け寄ったり、慰めたりしません。そのような配慮をするよりも、動き回り始めた子どもに必要なのは、動き回るのに適した場所を用意してやることだ、とルソーは言います。それは舗装された道路ではなく、野原です。そしてそこでは子どもが「1日に100回転んでもいいのです。それは結構なことなのです。それだけ早く起きあがることを学ぶことになるのですから」。

こうしてルソーは、大人が配慮しなければならない事態の焦点を、環境へと移すように促している。つまり、子どもの身に生じる事柄の一つひとつに配慮

するというよりは、むしろ活動に適した環境のほうへ大人の注意を促すのである。このような配慮を行うには、普段から子どもを十分に観察していなければならない。子どもには大人とは違う、子どもに特有のものの見方や、感じ方があるので、大人のものの見方を押しつけてはならず、子ども時代には、子どもとしての性質を十分に発揮させてやらなければならない。そうすることが、子どもの内に備わっている「自然」に適った教育であるとルソーは考えた。

　このようなルソーの考え方は、「子ども」に関するこれまでの見方を一転させた。これまで「子ども」は未熟な存在であり、教育によって早く一人前の大人にならなければいけないと考えられてきた。ところがルソーは、子どもは「子ども時代」という、人間にとって重要な段階を生きている存在として「子ども」を「発見」した。ルソーの**子どもの自然の尊重**という思想は、後のあらゆる教育思想の出発点になった。

【引用・参考文献】

カント（中山元訳）　2006　永遠平和のために／啓蒙とは何か他 3 編　光文社

コメニウス（井ノ口淳三訳）　1995　世界図絵　平凡社

ルソー（今野一雄訳）　1962　エミール　上・中・下　岩波書店

ロック（服部友文訳）1967　教育に関する考察　岩波書店

岩下誠　2009　ロック　教育思想史　有斐閣

池田隆英・楠本恭之・中原朋生編　2015　なぜからはじめる教育原理　建帛社

内海﨑貴子編　2017　教職のための教育原理　八千代出版

勝山吉章編　2011　西洋の教育の歴史を知る　あいり出版

北詰裕子　2009　コメニウス　教育思想史　有斐閣

小玉重夫　2003　シティズンシップの教育思想　白澤社

西研　2016　ルソー　エミール 2016 年 6 月（100 分 de 名著）　NHK 出版

広田照幸・塩崎美穂 2010　教育原理―保育実践への教育学的アプローチ（保育・教育実践テキストシリーズ）　樹村房

森川輝紀・小玉重夫　2012　教育史入門　放送大学教育振興会

森田伸子　2009　ルソー　教育思想史　有斐閣

❏　コラム　カント「啓蒙とは何か？」

　カントは、『**啓蒙とは何か**』というテキストを書いている。そのなかで、「啓蒙とは何か。それは人間が、みずから招いた未成年の状態から抜けでることだ。未成年の状態とは、他人の指示を仰がなければ自分の**理性**を使うことができないということである」（カント「啓蒙の定義」『啓蒙とは何か』中山元訳）と書いている。つまり、啓蒙とは教育そのものである、ということができる。未成年状態から脱却して大人になるということが思想的にも社会的にも自覚されるようになったのが**近代**という時代の特徴であった。

　フィリップ・アリエスは、『〈子ども〉の誕生』（みすず書房、1980年）において、「中世の社会では、**子供期**という観念は存在していなかった」と言っている。つまり、近代以前には、子どもが大人になるという観念そのものが、今、我々がイメージするような形では存在しなかった。身分制社会には、その社会のなかで生きる人にとっては自分が生まれ落ちた時点で、将来何になるのか、自分の将来の職業なり地位なりが、かなりの度合いで運命づけられて生まれてくる。身分制社会の教育は、それぞれ自分の生れ落ちた社会の同じ身分や仕事をもつ人々からなる共同体に適応していくこと、それが大人になるということになる。子どもから大人になるということについて、今の私たちが抱くイメージとは、だいぶ異なるものだった。大人と子どもの境界は必ずしも明確ではなく、小さい大人はいても子どもは存在しなかったのである。子どもという観念の誕生…身分制秩序・共同体の崩壊、**近代家族・近代学校**の成立以降の話である。

　ところで、人間が大人になるというのはどういうことなのだろうか？カントの啓蒙概念でこの問題を考えてみよう。カントのいう啓蒙とは、身分制秩序とそれにもとづく共同体が崩壊し、将来について何も決定されないで生まれてくる存在である我々が、にもかかわらず、いかにして大人になるかという難しい問題を人間に突きつける。近代という時代の特徴をとらえた概念で、我々が教育において日々突きつけられている問題である。

6章 19世紀の教育と近代教育思想の展開

ペスタロッチ、フレーベル、ヘルバルトを中心に

19世紀は、今日の学校や教育につながる考え方が出されたり、制度が定められた時代である。たとえば、多くの子どもたちが学校に通い、同じことを同じように学習するスタイルが確立されたのもこの時代であった。学校で教える教師のあり方や教える術、つまり、教授法が考え出されたのもこの時代の特色である。19世紀に教育の基本的な枠組みが成立した背景には、主権を保持し、領域を定め、そこに暮らす人々、つまり国民をもつ近代国家が成立したことがある。近代国家では、法律・政治・行政・医療等に関わる社会の仕組みが整えられた。また、産業や経済の発展も著しく、人々の働き方や暮らし方も大きく変わった時代であった。こうした時代の中で、社会を担う有能な形成者を育成したり、貧困や犯罪を減少させる役割が教育に期待され、篤志家や任意団体、また国家によって実施されたのである。

現代にも通じる社会の変化が起きた19世紀という時代に、教育はどのようなものとして構想され、行われたのだろうか。代表的な人物であるペスタロッチ、フレーベル、ヘルバルトを軸にして学んでいこう。また学校教育はどのような発展を見せるのだろうか。当時の社会や政治の状況にもふれながら、イギリス、フランス、ドイツを例として学んでいこう。

1節 ペスタロッチの教育思想と教育実践

1）ペスタロッチとその時代

世の中の多くの子どもたち、それも必ずしも恵まれた境遇にはない子どもたちも含めて教育を行うにはどうしたらよいだろうか。子どもたちの教育と生活改善に取り組み、その後、世界中の教育に影響を与えた教育思想家・実践家に、スイスのペスタロッチ（Johann Heinrich Pestalozzi, 1746-1827）がいる。

ペスタロッチが生きた時代は、社会が大きく揺れ動いていた。フランス革命

の余波によって親や生活の場を失い、孤児となった子どもたちがいた。また、社会の仕組みが変わる中で、子どもたちにも新しい知識や技能を習得することが求められていた。このように時代が大きく動くなかで、ペスタロッチは、悲惨な境遇におかれた孤児たちの教育はもとより、生活改善に取り組んだ。また、新しく成立した政府に協力して、国民教育のための新たな教育課程と教育方法の考案に尽力することになる。その情熱的な教育への姿勢と、教育課程編

画 6-1　ペスタロッチ

成の仕方や教育方法は教師にとっても、国民教育制度を確立したい国家にとっても魅力的なものであり、多くの国々の教育へ影響を与えることになる。

2) 教育実践の端緒―ノイホーフでの農場経営と労作学校―

　医師であった父を早くに亡くしたペスタロッチは、祖父と同じく牧師を志して、チューリヒ唯一の高等教育機関であるカロリウム・コレギウムに進学する。しかし、愛国者運動に関係した事件に絡み、牧師への道を断念する（村井 1986、pp. 39-41）。農村の苦しい生活をみかねたペスタロッチは貧しい人々を救うため、1771 年、アールガウ州に農場を開き、ノイホーフと名付ける。だが、農業の実地経験をもたなかったペスタロッチの農場経営は当初の計画どおりにはいかなかった（村井 1986、pp. 49-52）。その後、同じ場所に貧しい子どもたちのための学校を設立して、教育を行う（村井 1986、pp. 59-65）。このノイホーフでの経験は、『隠者の夕暮』や小説『リーンハルトとゲルトルート』にまとめられた。ノイホーフでの経験はペスタロッチにとって教育の原体験となった。

3) 子どもに寄り添う教育―シュタンツでの実践―

　スイスの隣国フランスでは 1789 年から続く革命によって、憲法と議会をもつ新たな中央集権国家が成立した。このフランス革命の余波は、スイスにも及び、

1798 年、スイス全土を巻き込んだスイス革命を引き起こした。それ以前のスイスは 13 の独立した小邦からなる「スイス盟約者団」であった。革命によって盟約者団は崩壊し、新たに中央集権の樹立を目指すヘルヴェチア政府が建てられた。だが、中央集権に基づく社会の仕組みはスイスの国情と合わずに反発を招いた。ニートヴァルデンでは蜂起が起きたが、これに対してフランス革命軍は鎮圧に乗り出した。州都シュタンツはフランス革命軍によって破壊しつくされてしまう。それまでに営まれていた家庭生活も地域社会も破壊され、多くの死者と戦争孤児が残された（村井 1986、pp. 134-136）。

　1799 年、シュタンツの戦争孤児のために孤児院が設けられた。ペスタロッチは、革命を支持する立場ではあったものの、孤児院の運営にあたる（村井 1986、pp. 138-141、画 7 - 1 はシュタンツでの様子を描いたもの）。絶望の淵にある子どもを前にしたとき、人はどのように関わり、どのような教育を行えばよいのだろう。ペスタロッチは子どもたちと生活をともにして一人ひとりと向き合い、彼らの心を開かせて、信頼関係を築こうと努めたのである（矢野 2017、pp. 234-237）。

4）メトーデ

　シュタンツでの実践は孤児院の閉鎖によってわずか 6 か月で終わりを迎える。シュタンツの孤児院が閉鎖されたのと同じ 1799 年、ペスタロッチはブルクドルフに移り、国民教育制度の設立に努める。だが、世の中の多くの子どもたちが共通で学ぶためには、どのような内容を、どのように教えたらよいのだろうか。

　ペスタロッチは、知識を子どもたちに教え込む教育のあり方を批判的に捉えた。子どもの内的な発達や成長を促す教授法が必要だと考え、**メトーデ**を考案した（真壁 2016、p. 278）。メトーデは、認識能力を意味する「頭」、技術・技能を意味する「手」、道徳性を意味する「心」が調和した発達を促す方法であった。「頭」、つまり認識能力に関するメトーデは、子どもが獲得した曖昧な直観から明晰な概念へと導こうとするものであった。これは、**直観の ABC** と呼ばれる。直観の ABC は、数・形・語のそれぞれについて、互いに関連性を持たせながら、基礎的なものから複雑なものへ、直観から抽象へと順を追った学習を組み立てるものであった。これに対して、「手」、つまり身体を用いた様々な技術の獲得は、**技術の ABC** と呼ばれる。メトーデは、子どもの認識能力の発達段階に即した教育課程の編成と教育方法であった。ペスタロッチの実践は有名にな

り、多くの来訪者を迎えた。次節以降で触れるヘルバルトもその一人である。

5）イヴェルドンでの教育実践とペスタロッチ主義の教育の継承

　ヘルヴェチア政府は 1803 年に終わりを告げ、ペスタロッチのブルクドルフでの実践も 1804 年に幕を閉じることになる。これと同じ年、ペスタロッチは、イヴェルドンの城跡で学園を開設し、教育実践にあたることになる。ペスタロッチは、「生活が陶冶する」と述べ、理想的な家庭環境が子どもの健全な育成に欠かせないことを説いている。イヴェルドンでの実践は、話題となり、多くの見学者が訪れた。次節以降で触れるフレーベルもまた、訪問者の一人だった（村井 1986、pp. 318-319）。成功を収めたかのようにみえたイヴェルドンの学園は、教師同士の内紛によって、1825 年に閉鎖されてしまう。

　ペスタロッチ主義の教育はプロイセンやアメリカなど諸外国の教育に影響を与えた。アメリカに留学した伊沢修二（いざわしゅうじ）（1851-1917）や高嶺秀夫（たかみねひでお）（1854-1910）らは、ペスタロッチ主義の教育を学び、明治期の日本に紹介している（長尾・福田 1991、p. 186）。大正期にはペスタロッチ主義の教育を取り入れた成城小学校が沢柳政太郎（さわやなぎまさたろう）（1865-1927）によって創設されている（長尾・福田 1991、p. 187）。

2 節　　フレーベルの教育思想と教育実践

1）フレーベルとその時代

　教育は何も学齢期に達した子どもたちのためだけのものではないのではないか。むしろ、それよりも前の時期、より幼い子どもにとっても適切な環境と教育を用意することが大切なのではないか。そう考えた人がいた。ドイツの教育思想家・実践家であるフレーベル（Friedrich Fröbel, 1782-1852）である。2 節では、やがて世界初の幼稚園を創立することになるフレーベルの人間

画 6−2　フレーベル

観・教育観・学校の構想を学んでいこう。

　ドイツのチューリンゲン地方で生まれたフレーベルは、生後 9 か月で母を病で亡くしてしまう（小笠原 2000、p. 14）。その後、父は再婚をしたが、フレーベルは継母から愛情をそそがれることなく、亡き母方の叔父によって育てられる（小笠原 2000、pp. 24-27）。やがて林業見習いを経たフレーベルはイエナ大学に入学して、数学、幾何学、鉱物学等の自然諸科学を学ぶ（小笠原 2000、pp. 28-33）。建築家を志すものの、縁あって教師となったフレーベルは、1805 年にイヴェルドンのペスタロッチの学園に 2 週間滞在して、授業を見学した（小笠原 2000、pp. 43-45）。さらにその後、1808 年には、家庭教師先の子どもを連れてペスタロッチのもとを訪れて 2 年間滞在し、その教授法を研究している（小笠原 2000、pp. 53-59）。

　フレーベルは、グリースハイムで甥の教育にあたった。1817 年以後、この教育はカイルハウで行われ、「一般ドイツ教育施設」と名づけられた（小笠原 2000、pp. 78-80）。だが、カイルハウでの教育実践は、プロイセン政府によって嫌疑がかけられ、良くないうわさが広まってしまう。生徒の数は減少し、やがて学園は閉鎖された（小笠原 2000、pp. 84-85）。

2）教育遊具（恩物）の考案

　だが、フレーベルはめげずに教育の構想を練っていく。例えばフレーベルは、就学前の子どもの教育にとって大切なものは何かと考えた。フレーベルの出した答えは、子どもの可能性を引きだす遊具であった。

　フレーベルは、人間への神様からの贈り物を意味する**教育遊具（恩物）**を考案した（小笠原 2000、pp. 204-207）。その種類は 20 種類に及ぶ。第 1 教育遊具は、球体であり、乳幼児向けである。毛糸や布地で作られていた（ロックシュタイン 2014、p. 60）。第 2 教育遊具は、木製の立方体、球、円柱（回転する球体の性質と固定された立方体の性質をもつ）からなる。これらを糸で吊るし、回転さ

写真 6 - 1　教育遊具（恩物）

せることで現れる形を子どもが認識できるように工夫が凝らしてある（ロックシュタイン 2014、pp. 61-62）。第 3 教育遊具は、小さな立方体の積み木である。子どもは創造力を働かせて、様々な形を考え出すことができる（ロックシュタイン 2014、pp. 63-64）。

3）人間の教育と幼稚園構想

　カイルハウで行った教育に関する思索は『人間の教育』としてまとめられた（小笠原 2000、p. 171）。フレーベルは、子どものうちには、神性が備わっていると考えた（小笠原 2000、pp. 181-186）。子どもは絶えず、成長・変化し、生命に満ちており、創造的に活動することができる。そうであれば、この子どもの神性を、子ども自身が表現できるように導くことが教育の仕事なのである。これは、教師が一方的に知識を子どもに教え込むことでは実現されない。子どもに自ら活動したいと思わせ、活動への衝動を育てることが教育の仕事なのだ。
　子どもの可能性を引きだすためには、適切な環境と働きかけが必要である。そこでフレーベルは、1840 年に幼児のための学校を創設した。それが、「ドイツキンダーガルテン（一般ドイツ幼稚園）」である（小笠原 2000、p. 98）。「子どもの庭」を意味するこの施設は、ドイツはもとより、オランダ、スイス、イギリス等、世界中に大きな影響を与えた（小笠原 2000、p. 174）。日本でもフレーベルの影響を受けて 1876 年に最初の幼稚園が設立されている。

3 節　ヘルバルトとヘルバルト派の教育学

1）ヘルバルトとその時代

　いかに優れた教育実践があったとしても、それを多くの教師が実践できなくては、多くの子どもたちのための教育は実現しない。教育実践を導く「地図」が必要ではないか。そう考えた人がいた。ドイツのヘルバルト（Johann Friedrich Herbart, 1776-1841）である。
　ヘルバルトはイエナ大学で学び、フィヒテ（Johann Gottlieb Fichte, 1762-1814）の講義を受けている。その後、家庭教師の経験を経たのち、大学での学究生活を始めた。ヘルバルトは、ブルクドルフのペスタロッチを訪れて影響を受けて

いる。ヘルバルトもまた教育を構想したが、直接、教育を実践したわけではなかった。その代わりにヘルバルトは、教育について経験的に積み重ねられた知を整理し、学問にまで高めたのだ。

2）ヘルバルトの教育学

ヘルバルトは主著『一般教育学』のなかで、教えるということは、専門的な知識のみを教える教授でもないし、子どもの道徳的な成長を促すのみの教育でもないと考えた。ヘルバルトは、このどちらの側面をもあわせもつもの、つまり**教育的教授**こそが大切であると考えた（高久　1984、pp. 250-253）。知識や技能の習得を図る教授が達成されたときに、子どもの倫理的な態度は形成されると考えたのである。

画 6 - 3　ヘルバルト

だが、教育的教授を行うためには、いくつかの条件が必要とされる。子どもを前にしたとき、教授のほかにも、管理と訓練が大切であると考えられた。管理は、学習の規律を整えることである（高久 1984、pp. 193-194）。訓練は、教授へ向けて子どもの心情を整えることを意味する（高久 1984、pp. 201-202）。管理と訓練がうまくいってこそ、知識を授ける教授が可能となる。

では、子どもを前にしたとき、どのような手順で教えたらよいのだろうか。ヘルバルトは、授業の過程には大きく分けて専心と致思があると考えた。専心とはある対象に集中して没頭することであり、致思とは専心によって獲得した対象のイメージを振り返って、整理することである。専心はさらに、個々の事物をはっきりと認識し、習得する段階の明瞭と獲得した事物のイメージを互いに結びつける連合とに分けられる。致思はさらに、事物と事物の間の関係を体系的に整理する系統と、系統の段階で得られた体系的な知識を応用する方法とに分けられる。こうして、一つの教育過程は、明瞭・連合・系統・方法から構成される四段階のプロセスとして整理された（小山 2016、pp. 295-296）。これは、**四段階教授法**と呼ばれ、その後の学校教育にも受け継がれていった。

教育に関する理論を教師が理解しておくことは教育実践にとって大切であるが、それだけでは優れた教師となることは難しい。教育に関して積み上げられ

てきた知識、つまり教育に関する学問と、教育実践の経験の双方がそなわって初めて教師は優れた実践を行うことができるのである。このような、教師に求められる技能・資質をヘルバルトは教育的タクトと表現した。優れた教師には教育的タクトがそなわっているとみられたのである（鈴木 1990、pp. 93-95）。

　教育に関する知を学問にまで高めたヘルバルトは、晩年に著した『教育学講義綱要』のなかで、教育の目的や目標が実践哲学（倫理学）から導き出され、教育の方法が心理学によって定められるときに、教育学は完成されると考えた。

3）ヘルバルト派の教育学

　ヘルバルトが構想した教育に関する理論は体系だったものであるが、現実の教育場面へと応用するには、抽象的すぎて難しい部分があった。この理論をより具体的なものとし、教育場面にも応用できるようにしたのが、ヘルバルトの継承者たちであった。ツィラー（Tuiskon Ziller, 1817-1882）は教材の配列に関して中心的な学習内容を設定し、その周辺に他の教科を配列する方法を提案した（小山 2016、pp. 298-299）。たとえば1年ではグリム童話が中心に置かれ、2年ではロビンソン・クルーソーが、3年以上では、聖書の歴史とドイツの歴史が中心に置かれるというものである。これは、中心統合法と呼ばれた。中心統合法はのちに中心となる教科を設定したことから、合科学習やコアカリキュラムの考え方へと引き継がれていく。ツィラーは、ヘルバルトが考案した四段階教授法を引き継ぎ、明瞭を分析と総合とに分けた。こうして四段階教授法は、分析・総合・連合・系統・方法という五段階教授法に再編成された。

ヘルバルト	明瞭		連合	系統	方法
ツィラー	分析	総合	連合	系統	方法
ライン	予備	提示	比較	総括	応用

表6-1　ヘルバルト派の段階教授法の継承

　ツィラーの弟子でヘルバルト派のライン（Wilhelm Rein, 1847-1929）は、ツィラーの五段階教授法を教育実践に役立てられるように修正し、予備・提示・比較・総括・応用という五段階に再編成した（小山 2016、pp. 299-300）。この五段階教授法はその後、導入・展開・終結という三段階に簡略化されることは

あったが、子どもの発達段階や学習の実態に応じて授業を行う方法として世界中に普及した。

　ヘルバルト派の教育学は、ラインの教え子らによって明治時代の日本にも紹介されている。設立後、間もない東京大学に招聘された**ハウスクネヒト**（Emile Hausknecht, 1853-1927）は、谷本富（たにもととめり）（1866-1946）らを教え、ヘルバルト派の教育学が日本に広まる礎を作った。また、ラインのもとに留学をした高等師範学校関係者らによってもヘルバルト派の段階教授法が日本に紹介され、広められた（小山 2016、pp. 300-301）。ヘルバルト派の段階教授法は、知識を一方的に伝達するだけの教育からの脱却を促した一方で、次第に形式的・画一的な教育を推進するものとして批判を受けることにもなった。こうした批判のなかから登場するのが、進歩主義教育（アメリカ）や改革教育学（ドイツ）等の運動と実践であり、日本においても大正新教育が行われることになる。

4 節　西欧諸国における公教育制度の成立

　ペスタロッチ、フレーベル、ヘルバルトが活躍した時代は、より多くの子どもたち、ひいては社会のすべての子どもたちのための教育と学校が構想され、整備された時代でもあった。これらは、どのように進められたのだろうか。

1）産業革命がもたらした社会変化と教育―イギリスを事例として―

　イギリスは、世界で初めて産業革命を実現したことで知られる。だが、当時の工場では子どもも長時間の労働をしており、衛生や健康の状態は劣悪だった。こうしたなかで、人々の生活や就労状態を改善する法律が制定されるとともに、様々な権利の主体であることを自覚させる運動が起きた。女性と児童の労働を1日10時間に限定した工場法の改正（1847 年）、貧しい人々を助けるための救貧法（1834 年）、成人男性による普通選挙等を求めるチャーティスト運動（1838-1858 年）がそれである。一連の社会変化のなかで国民皆学が目指され、1870 年にフォスター法（初等教育法）が制定された。初等学校はまだ有償だったが、5 歳から 13 歳の子どもの就学義務が保護者に対して課された（沢井 1977、pp. 140-148）。続く法改正によって、義務教育は無償となり、1898 年には、小

学校の修学年限は 6 年間に延ばされた（沢井 1977、pp. 156-157）。

2）市民革命と教育―フランスを事例として―

フランスにおいては、市民革命期に、ディドロやタレーラン、コンドルセら によって公教育の構想が提案されたが、これが制度として結実するのは、19 世 紀のことである。まず、1833 年のギゾー法によって、市町村の初等学校設置が 義務付けられるとともに、教育への国庫補助が制度化された。また、すべての 県に師範学校を設けることを義務付けるとともに、教員の資格を明確にした（神 山 1977、pp. 160-161）。1881 - 1882 年のジュール・フェリー法、1886 年ゴブレ 法によって、義務性・無償性・中立性を骨子とする公教育体制が法制化された のである（神山 1977、pp. 173-179）。

3）絶対主義国家の成立と教育―ドイツを事例として―

ドイツでは、19 世紀の後半までは、フランスやイギリスのように統一された 国家は樹立されておらず、小さな領邦が並び立つ状態にあった。市民を対象と した教育を行う思想は、18 世紀にバゼドウ（Johann Bernhard Basedow, 1723-1790）らを中心とする汎愛派（Philanthropists）の人々によって紡がれて いた。ナポレオン 1 世によってベルリンが支配されたとき（1807-1808）には、 フィヒテが『ドイツ国民に告ぐ』の演説を行い、ドイツの国民意識を鼓舞した。 やがて、領邦のなかでもヴィルヘルム王とビスマルク首相が率いたプロイセン が力をつけ、他の領邦を束ねていく。

教育に関しては、1872 年に、「学校監督法」が公布された。これは、学校の 監督権を教会から国家へと移し、初等教育を国家の支配下に置くものであった。 同じく 1872 年には、「一般諸規定」が出され、学校の目的、教育課程、組織が 規定された。これらにより国民を育成するための、宗教的に中立な教育制度の 土台が整ったのである（長尾 1978、pp. 211-212）。

4）公教育制度の成立と課題

西欧の教育は、一部の特権的な人々のために行われていた面があった。これ に代わり、世の中のすべての人が学ぶ学校の仕組み、つまり公教育制度が整え

られていくのが 18 世紀から 19 世紀のヨーロッパ諸国であった。公教育制度の特徴は義務制・無償性・宗教的な中立性である。

　だが、このことは新たな課題ももたらした。それまでの教育では、大学教育や大学進学のための予備教育、そして中等教育が連なる体系（**下構型の学校体系**）と、市民のすべてを対象とした初等教育を実施し、そこから中等教育へと進学の道が開かれる体系（**上構型の学校体系**）とが併存していた。二つの学校体系は多くの場合、それぞれが上層・下層の社会階級・階層の子どもたちの学校となっていた。そのために、上構型の学校体系で学ぶ子どもにとって大学等へ進学することは難しかったのである。これらは**複線型の学校体系**と呼ばれる。20 世紀に入り、教育の民主化への要望が高まると、すべての子どもが通う初等学校から大学等への進学を可能とする**単線型の学校体系**が成立していく。

【引用・参考文献】

宮沢康人編著　2003　近代の教育思想（三訂版）　放送大学教育振興会

岩下誠　2016　未婚の救済／非嫡出子の放逐—二〇世紀前半アイルランド社会の「道徳性」— 三時眞貴子／岩下誠／江口布由子／河合隆平／北村陽子編　教育支援と排除の比較社会史　昭和堂　pp. 53-76

小笠原道雄　1994　フレーベルとその時代　玉川大学出版部

小笠原道雄　2000　フレーベル　清水書院

小山裕樹　2016　ヘルバルト教育学　真壁編　pp. 285-302

神山栄治　1977　フランスの政変と近代的義務教育政策の進展—ギゾー法からジュール・フェリー改変まで— 世界教育史研究会編　pp. 157-179

沢井昭男　1977　イギリスにおける義務教育制度の成立と拡充—国庫補助金時代から義務教育法まで— 世界教育史研究会編　pp. 127-157

鈴木晶子　1990　判断力養成論研究序説—ヘルバルトの教育的タクトを軸に— 風間書房

鈴木由美子　1992　ペスタロッチー教育学の研究　玉川大学出版部

世界教育史研究会編　1977　義務教育史（世界教育史大系 28）　講談社

高久清吉　1984　ヘルバルトとその時代　玉川大学出版部

長尾十三二　1978　西洋教育史　東京大学出版会

長尾十三二・福田弘　1991　ペスタロッチ　清水書院

真壁宏幹編　2016　西洋教育思想史　慶應義塾出版会

真壁宏幹　2016　ペスタロッチ教育学　真壁編　pp. 273-285

村井実　1986　ペスタロッチーとその時代　玉川大学出版部

矢野智司　2017　それからの教育学―死者との関わりから見た教育思想への反省― 山名淳／矢野智司編著　災害と厄災の記憶を伝える―教育学は何ができるのか　勁草書房　pp. 231-257

山内芳文　1977　ドイツにおける帝国主義的義務教育政策の発展―欽定憲法からビスマルクの教育政策へ― 世界教育史研究会編　pp. 179-192

ロックシュタイン、M.（小笠原道雄監訳）　2014　遊びが子どもを育てる―フレーベルの〈幼稚園〉と〈教育遊具〉― 福村出版

【図表・出典】

写真　6－1　ロックシュタイン　2014　p. 61

画　6－1　長田新編　1959　ペスタロッチー全集　第1巻　平凡社

画　6－2　小原国芳／荘司雅子監修　1981　フレーベル全集　第1巻　玉川大学出版部

画　6－3　Georg Weis　1928　Herbart und seine schule　E.Reinhardt Verlag München

❑コラム　子どもの生存をとりまく福祉と教育

　19世紀は教育を含む社会の仕組みが大きく変わった時代である。このとき、子どもの生活の実態はどのようなものだったのか。特に、子どもが生きることに関わる労働と生活、つまり子どもの生存はどのようなものだったのか。

　子どもの生存に関わる福祉や教育という視点で歴史を辿ってみよう。19世紀の後半から20世紀の前半のイギリス、フランス、ドイツでは、国ごとの違いこそあるものの、心身の健康を阻害する長時間労働を規制する法律が制定されたり、貧困に対する支援が国家、教会、任意団体等によって行われ、福祉の向上が図られた。また、国家が学校の設立・運営・監督に携わることで、国民皆学を目指す公教育制度が整えられたのもこの時期の特徴である。福祉や教育が人々の関心に上り、多くの人々の生活実態の改善が試みられた。

　福祉や教育は、人々の生活や健康の水準を向上させたり、識字能力等を向上させ、社会的な自立を促そうとする試みである。だが、こうした努力は様々な社会的な問題の解決を目指すものである一方、その理念におさまらない不都合な事実をなきものとしてきた側面がある。例えば児童労働が規制されたイギリスでは、その後、たしかに労働から解放された児童がいたし、統計上の件数は減少した。だが、その陰でイギリスからその従属地域へ、大勢の児童が組織的に移民させられ、そこで児童労働に従事させられていたのである。

　あるいは、20世紀初頭のアイルランドでは、カトリック教会の教義に象徴される社会的な慣習と、1920年に自治権を得た政府が制定する法律の間で、多くの未婚の母親が行き場を失っていた。彼女らは出産をすることも、人工妊娠中絶の手術を受けることも難しかった。彼女らのために設けられた「ホーム」（母子福祉施設）では、出産こそ許されたものの、嬰児の存命はかなわなかった。出産後の母親は、再教育を受け、費用弁済のための労働に従事したのち、社会へと送り返された。「ホーム」以外の選択肢は、隣接するイングランドへ渡って出産をし、嬰児を養子に出すというものであったのである（岩下 2016、pp. 54-55）。

　　福祉や教育の支援は、その支援に値する者と、そうでない者との間に線を引き、包摂と排除を行ってきたことが歴史的に明らかになってきている。福祉や教育に関する政策や支援は、善意に導かれることが多いために、検証の俎上に載せられにくい。だが、私たちは冷静な眼差しで子どもの生存に関わる福祉や教育の歴史を捉え直してみる必要があるだろう。

第7章 20世紀の教育と新教育運動

欧米の国々はなぜ「新教育」を取り入れたのか

第1節 新学校はなぜ誕生したのか

1）新教育運動の展開

　19世紀末、帝国主義政策をとった国々は、余剰資本の投資先の確保を目的にアジアやアフリカを植民地化していった。帝国主義国家では、政治・経済および軍事各方面での国家間競争が激化するにつれ、時代的要求に対応する新しい指導者の育成が課題となった。そのためには、教師中心主義や教科書中心主義、古典主義といった、これまでの教育のあり方を根底から変革する必要があった。こうした時代の要請を受け、19世紀末から20世紀初頭にかけて世界各地で展開されたのが**新教育運動**（New Education）であった。新教育運動は教師や教科書中心の画一的詰め込み教育から、児童中心の教育への転換を目指した教育改革運動として一般に理解されている。この運動は特定の地域において展開されたわけではなく、様々な呼称がこれまで使用されてきた。例えば、アメリカにおける「進歩主義教育」、ドイツにおける「改革教育」、日本における「大正新教育」などである。

　欧米やアジアの各地で展開した新教育運動は、教師主導の画一的、形式的な一斉指導を改めさせ、児童中心的な理論と実践をもたらした。このような運動の影響を受けた学校のことを**新学校**（New school）という。新学校とは、19世紀末から20世紀にかけて「教育の自由」「子どもの個性の尊重」などを指標として、それまでの伝統的学校教育を改革しようとした国際的な新教育運動を担った学校のことをいう（中野 1997、p.6）。ここで、欧米においてはどのような新学校が誕生し、新しい教育が展開されたのかを概観しておきたい。

2）アボッツホーム校

19 世紀のイギリスは、経済力を有する「世界の工場」としての地位を確保し、世界最大の植民地帝国となった。帝国主義政策の下では、植民地を経営する人材の養成が不可欠であり教育革新の機運が高まった。ここでは、まず新学校が誕生する以前の伝統的な学校である**パブリック・スクール**（public school）について概観しておきたい。

当時、エリートの養成を担った私立の中等教育機関にはパブリック・スクールがあった。そもそもなぜ、「パブリック」（公の）という名を冠していながら、私立学校なのだろうか。パブリック・スクールの起源は、中世の文法学校（グラマー・スクール）にまで遡ることができる。文法学校とはラテン語やギリシア語の「文法」を教える学校のことである。これらの学校は王侯貴族や富裕層の基金をもとに創設され、当初貧しい少年に無償ないし格安の授業料で教育を施した。入学者は全国から募集され、貴族や上流階級の子弟のみならず貧しい者にも開かれた。こうしたことから「パブリック」スクールと呼ばれるようになった（竹内 1993、p.94）。パブリック・スクールでの教育は、古典的なカリキュラムに固執し、19 世紀になってもラテン語、ギリシア語の教育が相変わらず中心であった。

写真 7-1 セシル・レディ

しかし、19 世紀末には既存の中等教育学校を改革しようとする新教育運動が展開された。イギリスでの新教育の先駆けとなった**セシル・レディ**（Cecil Reddie,1858-1932）は、当時のパブリック・スクールが古典的な教養に制約されて社会的課題に対応できていない状況を批判し、1889 年に中等教育の新学校**アボッツホーム校**を創設した。アボッツホーム校では、指導者階級に属する 11 歳から 18 歳までの男子を収容する寄宿制が採られ、大英帝国を支える指導者の養成が目指された。同校は喧騒な都市部を離れた自然環境豊かな土地に建設され、広大な農場や果樹園を有していた。教育内容においては、生理学や化学などの自然科学が重視されたことに加えて、作業や手工活動、芸術活動が行われ、パブリック・スクールとの差異化が図られた。アボッツホーム校教育の特色である、田園教育、共同体としての学校、労作教育、教育内容の現代化・生活化

は、イギリス国内だけでなく、ドイツやフランスなどヨーロッパ諸国に普及していった。では、各国においてアボッツホーム校の教育思想がどのように受容されていったのかを検討しておく。

3）田園教育舎系新学校

　イギリス国内では、**バドレー**（Badley J.H,1865-1967）の創設した**ビデーズル校**がアボッツホーム校の教育理念を継承し、発展させていった。バドレーは創設当初からアボッツホーム校の教員として勤務し、「レディ博士の副官」と称された人物であったが、強引な運営方針や男子校に固執するレディとの意見対立から、彼と袂を分かってビデーズル校を創設した。同校はアボッツホーム校と同じ教育理念で創設されたが、入学年齢が 9〜15 歳であったことや男女共学制であることなどにより、レディからは背信行為として非難され、縁を切られた。しかし、世間ではアボッツホーム校の姉妹校とみなされて、より自由で民主的であることから、むしろビデーズル校の方に人気が集まることになった。

写真 7−2 リーツ

　ドイツにおいては、**ヘルマン・リーツ**（Hermann Lietz,1868-1919）が新しい寄宿制を採るアボッツホーム校に興味を持ち、同校の教育実践を助手として手伝いながら体験的に学んで 1897 年に帰国している。翌年、彼はハルツ山地のイルゼンブルクにアボッツホーム校を範とした新学校を創設している。後にハウビンダやビーバーシュタインにも姉妹校が誕生した。これらの学校は「**田園教育舎**」と呼ばれて、ドイツ新教育運動の拠点校となった。リーツは道徳的頽廃と喧騒に満ちた都市部ではなく、生産的で活力に満ちた「田園」を教育に適した場所と捉えた。そのことは「田園教育舎」という校名からうかがい知ることができる。同校では包括的な人格教育が目指され、豊かな自然環境のなかで教師と生徒が生活を共にする寄宿制が採られた。生活の単位には、教師と生徒からなる 10〜12 名の生活共同体が形成された。1 日の活動は、午前中の知的学習、午後の身体活動や芸術活動、夕食後の祈りや講話などの情操教育が日課とされた。

　フランスでも、1899 年に社会学者の**ドモラン**（Edmond Demolins,1852-1907）

がアボッツホーム校とビデーズル校から範をと
って、ノルマンディー地方に**ロッシュ校**を創設
している。彼はレディとバドレーに心酔して、
息子をビデーズル校に入学させるほどであった。
ドモランは伝統的な中等教育が試験準備のため
の「詰め込み勉強」でしかないと批判し、ロッ
シュ校においては寄宿制の導入やスポーツを奨
励した。さらに、古典語の時間を削減し、その
分の時間を自然科学、現代外国語などに充て、
新しいカリキュラムを実施している。このよう
な教育方針は陸海軍の将校・士官、大実業家、
大地主、貴族など、当時の上層支配階級によって支持された。

写真 7 − 3 ドモラン

2 節　20 世紀はなぜ「子どもの世紀」と言われるのか

1 ）子ども中心主義の思想と教育

　20 世紀は子どもの世紀だと言われている。国際的な教育改革運動として展開
された新教育運動においては、教師中心の画一的詰め込み教育が批判され、「子
どもから」（Vom Kinde aus）を合言葉に教育のあり方を子どもの側から問い直
そうとした。このような、**「子ども中心主義」**（あるいは「児童中心主義」）は、
大人の立場から考えられてきた教育を反省して、子どもの本性を尊重し、それ
に合うように教育を構想しようとする立場である。そこでは、子どもの「自立
性」「自発性」「自己活動」が重視され、子どもたちを窮屈な知育偏重の教育か
ら解放して、身体性や感性などを含む人間の全体性に配慮した教育が目指され
た（山名 2009、p.197）。本節では、子ども中心主義を標榜した代表的教育家で
あるエレン・ケイ、モンテッソーリの理論や実践を見ておきたい。

2 ）ケイと『児童の世紀』

　スウェーデンでは 19 世紀末に産業革命を迎え、様々な社会問題（児童労働、
教育の不平等、児童体罰や虐待、都市環境の劣悪化など）に直面していた。当

時、性悪説が信じられており、家庭や学校では子どもへの体罰が当然と考えられていた。このような教育の現状に対して改革を訴えたのが、社会思想家、教育家の**エレン・ケイ**（Ellen Key,1849-1926）であった。彼女は子どもの自主性を尊重した教育を目指すとともに、子どもを産み育てる女性の役割に着目した。

写真 7－4 エレン・ケイ

20 世紀初頭、ケイによって著された『**児童の世紀**』（1900 年）は、徹底した子ども中心主義の立場から書かれたもので、従来の学校教育における形式的、大量生産的な組織の弊害を指摘し、教育がいかに子どもの本性を抑圧するものであるかを批判した。すべての子どもはもって生まれた本能と素質、個性とを無制限に開発すべきであり、これらを大人たちによって抑圧されるべきではないという。それは彼女による、「**教育の最大の秘訣は、教育しないことにある**」という言葉に象徴されている。『児童の世紀』はスウェーデンではほとんど注目されなかったが、イギリスやドイツをはじめとして各国で翻訳された。明治・大正期の日本にも同著の翻訳版が輸入されている。彼女の著書は多くの教育関係者に読まれ、世界各国の新教育運動に大きな影響を与えた。

　ケイの教育論の特徴は、子どもの権利と母性の保護を訴えたことにあった。ケイは子どもが健康に生まれ育つ権利を有するべきであり、そして何よりも「子どもが他人の権利の境界を越えない限り自由に行動できる世界をつくる」ことが重要だと主張した。このような教育観には、子どもを大人の干渉や抑圧から解放して人間として扱うべきだとする子ども中心主義の思想が見られる。

　ただし、ケイの教育思想については批判的に読み解いていかねばならない部分も存在する。教育学者の苫野一徳（熊本大学教育学部）は、ケイが 20 世紀初頭の新教育運動に大きな影響を与えたと評価する一方で、彼女の思想に見られる「進化論信奉」や「母性原理主義」を厳しく批判している。例えば、ケイの教育思想のなかには、劣性な遺伝を排除することを厭わない**優生思想**と「子ども尊重」の教育が共存していた。さらに、健康優良児を生み育てることが女性にとって最も重要だと考えていた。こうした教育思想には、ダーウィンの進化論やスペンサーの社会進化論、ゴールトンの**優生学**などの影響が色濃く見られる。

3 ）モンテッソーリと「子どもの家」

　イタリアの女医である**モンテッソーリ**（Maria Montessori,1870-1952）は、1907 年に開設された「**子どもの家**」で就学前教育の新しい実験に取り組み、世界的な注目を集めた。彼女はイタリアで医学を学ぶ最初の女性としてローマ大学医学部へ入学した。卒業後、ローマ大学附属病院の精神科助手となり、精神発達障害の子どもの治療や教育に携わったことから、教育学研究に関心が向けられた。モンテッソーリの教育観は、医師の経験と教育実践の観察に裏打ちされており、20 世紀における児童研究の重要性を説いている。彼女は、教育の根本原理が子どもの「自由」にあると考え、教師の役割を子どもの自発的な発達を援助することと、そのための環境を整備することにあると捉えた。

写真 7 − 5 モンテッソーリ

　「子どもの家」は、衛生や住宅事情が劣悪であったサン・ロレンツォ地区に、住宅改良の一環として創設された教育施設であり、社会の底辺に生きる子どもたちを対象とした。入学者は 3 歳から 7 歳の子どもで、モンテッソーリは、この時期の子どもは感覚を形成して発達するのに最適であり、これを「**敏感期**」として重視した。彼女によって提唱された**モンテッソーリ教育**では、実際生活の練習、筋肉教育、感覚教育、知的教育などが重視された。これらの教育を行うにあたり教師の直接的な指導ではなく、モンテッソーリ教具の間接的な援助によって子どもの自己教育（auto education）が可能となるのである。その際、教師は適切な環境を構成し、子どもの活動を乱すことのない様に観察者でなければならない。

　モンテッソーリ教具には、感覚教具（円柱差し、色板、幾何学図形のはめ込み板、ピンクタワーなど）、数教具、言語教具、日常生活教具がある。これらの教具は、子どもの五感（視覚・聴覚・味覚・嗅覚・触覚）を訓練し、個々の器官を洗練させるために用いられる。モンテッソーリ教育において教具は最も中心的な役割を占めていた。なぜなら、幼児期に感覚がほぼ成人の水準にまで発達し、幼児期における感覚教育が後の知的発達を促進するからである。このような「子どもの家」での実践は世界的に高く評価され、アメリカ、ヨーロッパ諸国、インド、中国などに波及した。日本においても、明治末期に初めてモン

テッソーリ教育が紹介され、幼児教育の現場に大きな影響を及ぼして現在に至っている。

3 節　進歩主義教育におけるデューイの果たした役割

1）進歩主義教育とジョン・デューイ

　20世紀初頭のアメリカは、鉄鋼業や自動車産業、石油産業などの発展によって、経済的、物質的な繁栄を遂げた。しかしその一方で、都市には農村からの居住者が多く移り住み、その数は年々増加していった。さらに、人口増加に拍車をかけたのが、アメリカ国外からの移民の流入だった。その結果、犯罪が増加し、疫病は非衛生的なスラムに蔓延した。都市化・産業化に伴う共同体の崩壊により、学校には民主的施設としての役割が求められたにも関わらず、ニューヨークやシカゴをはじめとする都市部の公立学校においては、授業形態の機械化・形式化が重大な問題であった。

　教育界では、このような変化しつつある時代に能動的に適応できる人材の養成が課題とされた。そのためには、教師が子どもに一方的に知識を伝達する画一的な教育方法から脱却し、子どもの興味や関心を中心に据えた教育へと転換を図らなければならなかった。そこで、アメリカでは社会問題の解決に寄与できる市民の育成に重点が置かれ、新教育運動が展開された。アメリカで展開された新教育運動は、一般に**進歩主義教育運動**（Progressive Education Movement）と呼ばれている。

写真7−6ジョン・デューイ

　進歩主義教育運動の展開は、プラグマティズムの哲学者・教育学者であった**ジョン・デューイ**（John Dewey, 1859-1952）の登場によって本格化したといえる。代表的な著書には、**『学校と社会』**（1899年）、**『民主主義と教育』**（1916年）などがある。デューイはミシガン大学、ミネソタ大学などで教員を務め、1894年にシカゴ大学に哲学・心理学・教育学を合わせた学部の部長となる。1896年には**シカゴ大学実験学校**（一般には「デューイ・スクール」、「実験学校」と呼ばれた）を創設し、

伝統的なアメリカ教育を革新しようと試みた。デューイは『学校と社会』のなかで、教育活動の重力の中心を「教師や教科書」から「子ども」に移動させる「教育上のコペルニクス的転回」を唱えた。すなわち、これまでの教師や教科書を中心とする教育から、子どもの生活や興味を中心とする教育へと、その重力の中心を移さなければならないと主張した。デューイによる「**生活を通し、生活との関連において学ぶ**」「**なすことによって学ぶ**」（learning by doing）という言葉は、彼の名とともに広く知られている。次節では、デューイの実験学校での試みを見ておきたい。

２）シカゴ大学実験学校における試み

　当時の一般の学校は、教師による教科書中心で知識詰め込みの授業が展開され、まるで工場か兵舎のようであった。デューイはシカゴ大学着任後、市内のいくつかの学校を訪れ、自身の子どものために適切な学校を探したが、公立学校の画一的な教育に対して強い不満を抱いたとされる（小柳 2010、p.35）。デューイによると、望ましい学校とは、「子どもが実際に生活する場所であり、子どもがそれを楽しみ、またそれ自体のための意味を見出すような生活経験が得られる場所」であった。そこで、デューイは実験学校の鍵概念として「**生活**」の概念を提示している。そもそも同校は、学校を社会的機関として捉える仮説に基づいて運営され、文明の進歩により複雑化した社会環境を縮小し単純化した「**社会的共同体**（social community）」として学校を機能させることを目指した。彼の認識では、伝統的な学校の教室において、子どもが作業する場がほとんどなかった。すなわち、子どもが構成し創造するような、また、活発に探究するような作業室や実験室、素材、道具、さらにはそのために必要な空間が、ほとんどの学校で欠けていた。

　「生活する」場としての学校を実現するために実験学校に導入されたのが、「**仕事（オキュペーション）**」の活動であった。具体的には、作業室での道具を用いた木工や金工、機織り、裁縫、料理といった活動のことであり、人類が生命の維持のために、衣食住に関する諸活動を行うような世界と人間との関係と関わるものだった（森 2004、p.39）。この「仕事」の活動では、伝統的な教科の区分も廃止されて、知識の習得は子どもたちの直接経験や活動的作業にともなって行われた。ところで、実験学校は子どもたちが好きな遊びや活動をしていれば、それがそのまま学習だとするような放任主義的な学校ではなかった。

なぜなら、子どもたちに何をどこまで学習させるかという教育目標の設定があり、それに即した教材・教具の綿密な開発と、さらには科学の系統性に立脚した**教科課程**（course of study）の編成が行われていたからである。デューイは、伝統的な教育においてしばしば対立的に捉えられてきた、子どもとカリキュラム、生活経験と教科の関係を、学びの活動のなかで統合し統一しようとした。

　市民性と民主主義の教育を探究したデューイの学校改革の実践は、進歩主義教育者たちに大きな影響を与え、子どもに多様な活動を与えることや、学校と地域を結び付けることなど革新的なビジョンを展望するものであった。

3）進歩主義教育の代表的実践と思想

　進歩主義教育運動においては、一斉教授法が厳しく批判され、子どもの個性や自発性を尊重するための様々な教育方法が開発された。その具体的な実践例が**ドルトン・プラン**や**ウィネトカ・プラン**であった。これらの教授方法は、20世紀初頭のアメリカ新教育運動のなかで生まれ、進歩主義教育の根幹に位置づく新たな実践形態とされた。

　ドルトン・プランは、アメリカの**パーカースト**（Helen Parkhurst,1887-1973）によって独自の教育指導法として考案された。それは、1920 年にマサチューセッツ州ドルトン町のハイスクールで実践されたことからドルトン・プラン（正式には「ドルトン実験室法」）と呼ばれている。彼女が同プランの 2 つの基本

写真 7－7 パーカースト

原理として掲げたのは、「**自由**」（freedom）と「**協同**」（co-operation）であった。これらの原理は、モンテッソーリやジョン・デューイなど多くの人々の思想に負うところが大きい。パーカーストはウィスコンシン州立師範学校で教鞭をとっていたが、モンテッソーリ法を研究するためにイタリア行きを希望して、1914 年にローマの「子どもの家」を訪れ、モンテッソーリの熱心な弟子となっている。「自由」の原理はモンテッソーリの影響を受けたもので、生徒が一定の教科の学習を自分なりの速度で、他から妨害されることなしに興味の続く限りこれを続けるという方針である。したがって、同プランでは従来の学校で重要な位置を占めていた時間割と学級での一斉教授が撤廃された。一方、「協同」の原理については、デューイからの思想的な影響

を受けたもので、学校という集団生活のもつ相互作用を有効に働かせるという考えであった。

　具体的な学習形態は次のようになる。同プランにおいては、従来の教科を**主要教科**（国語、数学、理科、歴史、地理、外国語）と**副次教科**（音楽、体育、図画、工作、家庭）とに分け、個別学習が行われるのは主要教科だけで、副次教科は学級で一斉に教授される。主要教科の学習においては、従来の教室が撤廃され、それに代わって教科別の**実験室**（laboratory）が設けられる。各実験室には、教科担任の教師がおり、それぞれの教科の学習に必要な教材・教具および参考書が備えられている。実験室に集まる生徒は、その実験室の教師の指導を受けながら自主的に学習を進めるが、その学習は「契約仕事」という形で行われる。教科の内容が 1 教科当り 15〜20 の契約仕事の形に分割され、こうした契約仕事の配当表を**「学習割当表」（アサインメント）**と呼ぶ。生徒は「学習割当表」にしたがって各自が望む実験室に行き、個別に、自分の能力にみあった速度で学習する。得意な教科は早く終了し、不得意な教科には多くの時間をかけることができる（小澤 1979、p.160）。ドルトン・プランは、1920 年代にイギリスをはじめ日本、中国、ドイツなど世界的に普及して、各地で実施された。24 年に彼女が来日して以降は、熱狂的なブームを巻き起こし、**大正新教育運動**にも多大な影響を及ぼした。

　ウィネトカ・プランは機械的な一斉教授を解体して教育の個別化を図った教育実践であり、アメリカ合衆国イリノイ州ウィネトカの教育長を務めた**ウォッシュバーン**（Carleton Wolsey Washburne,1889-1968）によって推進された。当初、彼は医師を志してシカゴの医学校に通い、スタンフォード大学で生理学を学び、学士号を取得している。1919 年 5 月、彼が 29 歳の時にウィネトカの教育長として赴任し、25 年もの間、児童の個人差に即した教育の方法を実証的、科学的に明らかにするために、またその方法を広く普及させるために積極的な活動を行っている。

　ウィネトカ・プランの特徴は、**個別学習**と**集団的創造的活動**との組み合わせから構成されているという点にあった。共通の基礎的知識の習得を目的として設定された個別学習では、読み・書き・算数や、実際に誰もが用いる知識・

写真 7−8 ウォッシュバーン

技能として明確に具体化された共通必須項目を定め、主に自学自習を通して子どもにこれを習得させていく。ウォッシュバーンは、**コモン・エッセンシャルズ**と呼ばれる基礎的な知識や技術の伝達を特に重視した。コモン・エッセンシャルズは、個人が社会のなかで協調的に生きていくうえでのコミュニケーションや、学習が滞りなく展開していくうえで不可欠なものとなるからである。一方、集団的創造的活動は、子どもたちの思考や心情を表現するための活動を集団で行わせることにより、子どもの個性・自己表現能力を育てると同時に、子どもを社会化させることを目標とする。ここには、美術・音楽・文学鑑賞、図画工作や演劇、作文あるいはクラブ活動や自治活動などが含まれる。ウィネトカ・プランは当時のアメリカの教育のみならず、世界各国の教育に大きな影響を与えた。

【参考図書】

長尾十三二　1991　西洋教育史　東京大学出版会

田中智志・橋本美保　2013　教育の理念・歴史　一藝社

眞壁宏幹　2016　西洋教育思想史　慶應義塾大学出版会

【引用・参考文献】

小澤周三　1979　教育方法における個別化　教育方法　有斐閣双書

竹内洋　1993　パブリック・スクール　講談社

中野光　1997　日本の私立新学校における教師像　日本教師教育学会年報　日本教師教育学会。

森久佳　2004　都市化・産業化に対応するデューイ・スクール（Dewey School）の試み—訪問者の目から見た授業実践の特色　都市文化研究　大阪市立大学大学院文学研究科都市文化研究センター

山名淳　2009　ヘルバルトから新教育へ　教育思想史　有斐閣

小柳正司　2010　デューイ実験学校と教師教育の展開　学術出版会

鈴木和正　2017　教育に関する歴史及び思想　常葉大学教育学部紀要

【図表・出典】

写真7−1　小澤周三　他著　1993　教育思想史　有斐閣

写真7−2　小澤周三　他著　1993　教育思想史　有斐閣

写真7−3　小澤周三　他著　1993　教育思想史　有斐閣

写真7−4　中野光・平原春好　2004　教育学〔補訂版〕　有斐閣

写真7−5　勝山吉章編著　2011　西洋の教育の歴史を知る　あいり出版

写真7−6　新井保幸・上野耕三郎編　2012　教育の思想と歴史　協同出版

写真7−7　小澤周三　他著　1993　教育思想史　有斐閣

写真7−8　ウォッシュバーン著・山口満、宮本健市郎著訳　1988　教育の個別
化　明治図書出版

❏ コラム　日本にも「田園教育舎」が存在した！？

　明治末期の日本でも、田園教育舎の系譜を受け継ぐ新学校が誕生している。その代表的な学校が、1907（明治 40）年 4 月に今井恒郎（1864-1934）によって創設された日本済美学校である。今井は欧米の教育書を取り寄せて研究し、ドモランによるロッシュ校やリーツによる田園教育舎の報告書を読んで、日本済美学校の構想を描いた。彼は東京府豊多摩郡和田堀（現在の杉並区）に広大な敷地を購入し、新しい中等教育を実現した。そこでは山や川、畑といった自然環境が提供され、寄宿舎、講堂、飼育舎、教員住宅を持つ、田園教育が展開された。『日本済美学校設立趣意書』よれば、同校の教育目的は「堅実ナル品性ヲ有シ、常識及ヒ技能ニ富メル国家有用ノ材ヲ養成セントスルニ在リ」とされた。これは日露戦争後の帝国主義を反映したものであり、世界に雄飛する人材を養成しようとしていた。

　同校では寄宿寮制が重要な位置を占めていた。寄宿舎は忠・孝・仁・義の 4 寮があり、一部屋で約 4 名が寝起きを共にしていた。自宅が近い者を除き、男子のみの全寮制であった。寄宿舎では、教員と生徒が寝起きを共にして家族的な親和のなかで教育を行った。今井によると、寄宿舎は規律的な生活において家庭よりはるかに優れており、共同的な教訓などにも非常に有効な場所であるという。そのような特色を持った寄宿舎は、まさに今井が描いた有用な人材を育成する教育場であった。

　学校経営は今井の私財のほか、篤志家の寄付や銀行からの融資を受け、また授業料についても月額 15 円をとっていたが、財政上はかなり無理があった。創設当初の在学者はわずか 15 名に過ぎず、教職員は今井校長以下 15 名であった。その後次第に増加したが中等部 150 名、小学部 50 名を超えることはなかった。こうして学校経営は次第に深刻化し、小学部が廃止された。その後、今井は病気の悪化にもかかわらず学校再興に奔走したが、1934（昭和 9）年 10 月に 70 歳の生涯を閉じている。

8 章 近代以前の日本の教育

どうして身分によって学びの場が異なっていたのか

近代以前の日本の社会と教育の様子について概観する。日本史の時期区分では、明治時代のひとつ前の江戸時代は「近世」と呼ばれている。江戸時代は、農民が支えていた封建社会であった。農民が作った食べ物が年貢として武士へ収められることで成り立っている社会だった。私たちは、自分が作ったもの、自分の身体は自分のものという考え方を「当たり前」のこととして生きているが、これは「近代の思想」であり、近世はそれとは違う考え方を前提としていた（立岩 2013）。生まれてきた階級や性別などの属性は個人の力では変えられないが、江戸時代は属性によって人の生き方の大筋が決められていた身分制社会であった（士農工商）。農民に生まれたら農民として生きるしかない、武士へと年貢を納め続けなくてはならない、そういう時代であった。このように近世は今とは社会の仕組みが異なっていたが、教育や学校のあり方も今とはかなり違っていた。近世の教育は農民の子どもを農民に、職人の子どもを職人にすることであった。もっと言えば、大人になることは、生まれついた身分制秩序に同化していくことと一体であった。それは支配者が作り出した身分制社会という秩序を再生産するのに適合的なものであったということができる。子どもは既存の社会秩序、身分制度のなかでしか教育されなかった。

1 節　江戸時代の子育てや教育はどのように行われていたか？

1) 支配者の民衆教化政策と教育

江戸時代の被支配者のほとんどは農業生産者として領主に対して年貢を負担する全人口の 8 割強を占める農民であった。彼らに対する政策は「百姓は天下の根元」であるとしながらも実際には「一年の入用作食を積らせて、その余り

を年貢に取るべし。百姓は財の余らぬ様に不足なき様に治る事道なり」(『本佐録』) と、農民は自給的農業経営を維持できる程度の状況にしておけばよく、それ以外は全部収奪することが肝要とされた。

　それを端的に示したのが、1649（慶安2）年に幕府が出したと言われる全32条の「慶安の御触書」である。農民は理念のうえで「国の本」とされたが、現実には「分別もなく末の考えもなき」愚民と見なされ、日常生活の細部に至るまで生活指導をせねばならないものとされた。

　第5代将軍徳川綱吉の政権下では、将軍綱吉が儒教道徳を基盤とした民衆の教化を指向した。彼の治世において、捨て子禁令や捨て子の保護など、子どもの生存や発達に関心を寄せ地域が責任をもつよう指示しているが、民衆の庇護に名を借りた民衆への管理強化政策であったと考えられる。

　幕藩体制の動揺と矛盾が顕在化していった18世紀初頭に第8第将軍となった徳川吉宗は、享保の改革を行った。その過程で吉宗は教育の果たす役割に注目し、民衆に対して上からの教化・啓発により体制に忠順な精神を醸成しようとした。その一つが、1772（享保7）年に刊行された『六諭衍義大意』である。

　明の太祖洪武帝の勅論「六諭」を清の世祖順治帝が欽定し民衆向けに出版した『六諭衍義』を、吉宗は往来仕立ての『六諭衍義大意』として官刻し教材として使用するよう江戸の寺子屋師匠に頒布した。これは、教育の果たす役割を民衆政策として明確に位置づけたことを意味する。

2）子育て論と教育論

（1）近世儒学者の教育論

　江戸時代初期に、自己の生き方や人間存在の根本を追求した陽明学者中江藤樹は、「子に教ゆるに幼少と成人との差別あり」(『鑑草』) と述べ、幼少期には幼少期固有の教育法によるべきことを説く。「童子業、たはぶれ事などをばその子の心に任せてあながちに戒め制すべからず」という考えは、子ども期の独自性を指摘しており注目すべき教育観である。

　儒学のみならず実証的・経験的な方法により医学、本草学や地理学の分野で多くの業績を残した貝原益軒は、子どもとその教育の問題を体系的・具体的に論じた。益軒は、万人に対する教育の可能性があること、さらに「人倫のをしえなければ、人の道を知らず」(『和俗童子訓』) と教育の必要性を説いた。益軒の教育観は晩年の『大和俗訓』『初学訓』『養生訓』『君子訓』など、いわゆる『益

軒十訓』と称された教訓的著作などに見られる。とくに、養護・訓育・教授に
わたって教育のあり方を論じた『和俗童子訓』（1710 年）は、わが国最初の体
系的な教育書として版を重ねた。彼の教育のモチーフは、同書の序文にある「人
に教ゆるの法、予めするを以て急となす」というものであり、大人とは本質的
に異なる子どもの世界の独自性を認め「幼き時より、はやく教ゆるべし」と早
期からの教育や「およそ小児の悪しくなりぬるは、父母乳母かしづきなる人の
教の道知らず」と養育者の教育的役割の重要性を述べ、また子どもに接すると
きは「姑息の愛」によらず「義理の正しき」教えによって教導する必要などに
ついて、儒学を土台として展開している。さらに、子どもの発達段階に即した
教育内容・教育方法を詳述し、またその後の『女大学』の原型となった婦徳・
婦言・婦容・婦功の四功と三従七去の論を中心として家を保つための貞淑な女
性像とその教育のあり方を示した。

（2）石門心学の子育て論

　荻生徂徠が将軍徳川吉宗の諮問に答えた幕政改革案『政談』のなかで「商人
なくては武家はたたぬ」と指摘しているように、元禄期から享保期にかけて商
業資本が発展し商人が台頭し武家に対して大きな影響力を持つに至る。しかし、
農業を本とした治国を説く徂徠から、営利追求を旨として生きる商人は封建体
制の階級秩序を乱すものとされ、その職業は賤しめられ道徳的にも劣等視され
た。一方、徂徠と同世代の天文学者西川如見は『町人嚢』のなかで、「かかる品
（町人）に生れ相ぬるはまことに身の幸にあらずや」、「ただ此町人こそ楽しけ
れ」と、町人の生き方を肯定的にとらえた。

　京都の商家に奉公しながら学問を積んだ岩田梅岩は、やがて「売利を得るは
商人の道」（『都鄙問題』）で武士の俸禄と同じく売買により得た利益は正当なも
のであり、正直・倹約・知足安分を中心として商人がその職分のたゆまぬ実践
により人たるの道も実現されると、商人の営利追求こそ商人の社会的存在意義
であることを積極的・肯定的にとらえた。梅岩に始まるこの教えは、その後、
手島堵庵・中沢動二・柴田鳩翁らにより、町人の生活体験と神・儒・仏の三教
を踏まえた町人のための倫理を、講釈・道話などの教化方法や明倫舎に代表さ
れる心学講舎の設立による教団的組織化を通じて広く普及していった。

　石門心学の教化対象は主に成人であったが、家業の維持発展に直接結びつく
子育てのあり方にも関心を注いでいる。心学道話書には、「親の身にとって心得
の話」（手島堵庵『我つえ』）など子育ての章を設けて論じたものや、脇坂義堂

の『撫育草』のような独立した育児書が著された。

　石門心学は、町人としての自覚と誇りを持って主体的に営利活動を行うことを意義づけた。心学者は民衆の生活感情を感受し、子育てを植物の栽培にたとえて教育の可能性と必要性を指摘した。だが、その教説は封建的儒教倫理と現実の秩序を肯定したうえでの処世の術として浸透した。また、「骨が強張てからは教が入にくい、このばぬ先の杖じゃ」（『道二翁道話』）と早期教育を説くが、その意図は、柔軟な子どもの頭と心に封建秩序の論理を注入することにあった。心学が幕藩体制の教化政策と結びつき全国に普及していったのはそのためである。

2 節　武士は藩校で何を学んでいたのか？／庶民は寺子屋で何を学んでいたのか？

　江戸時代は、幕藩体制を基本とする比較的安定した封建的身分制社会であり、教育もそれぞれの身分に応じた形で展開された。官学、藩学、郷学、家塾、寺子屋など、ざまざまな教育施設が設立された。

1）武士の教育

　藩校などで武士教育は、儒学なかでも朱子学に基づくことが多かった。その流れは、1790 年幕府の「寛政異学の禁」以後、加速していった。異学の禁とは、江戸幕府が設けた昌平坂学問所（昌平黌）に対して、朱子学以外の教授を禁じた「達」のことである。異学の禁は、それ以後も一貫した幕府の教学政策であった。異学の禁は、直接には、たしかに武士官僚の育成をめざした学校教育振興策であった。昌平坂学問所が大きく拡充されて幕府直轄の学校となり、施設と制度の整備が格段に進んだ。幕臣に対する定期試験制度（学問吟味、素読吟味）も導入された。この朱子学正学体制は以後、幕府消滅の日まで揺らぐことはなかった。

　昌平坂学問所には、旗本・御家人の子弟で 7、8 歳以上の者が入学を許された。後には、各地各藩から俊才が集まり、江戸時代の最高学府としての地位を占めた。内容は素読所に入って素読を習い、この間毎月定期的に復習所で習っ

たところの復習を行なった。この素読の課程が終われば、初学所に入って上級の内容を学んでいた。さらに進んで、さまざまな経書の講釈も聞いた。教授の臨席のもとに学生たちが集まり、会読や輪講、取り調べ（協同調査）、詩分会などを行うことも教育課程の重要な部分となっていた。また、素読所では、全体の学習過程を 7 段階に分けて、それぞれ 10 人程度で一斉指導を行っていた。復習所では、成績により、所属する段階を上下させるといった等級制がとられていた。

　藩士の子弟を教育するための藩学（藩校）も増設された。1750 年以前の藩校の目的は、学問奨励だったが、それ以降は各藩の財政改革のための有能な人材養成の一環として創設されることが多かった。また、藩士の士気を鼓舞し、統制と団結を図ることが目的であった。多くの藩校では、藩士の子弟の就学義務を定め、6〜8 歳で入学し 14 歳〜20 歳くらいで卒業した。ここでの学習内容は、漢学（儒学）が中心だったが、幕末になると算術・洋学・医学も教授するようになり、約半数の藩校が一般人にも門戸を開くようになった。

　各藩では、藩士子弟に対し、藩政改革の一環として人材育成を目的として設立された藩校による教育を採用した。宝暦期以降、多くの藩では人材登用が身分制・世襲制を原理とする藩封建体制を突き崩す危険をはらんでいても、藩校教育による人材育成に着手し、藩が直面する財政的窮乏などの諸問題に対処できる人材を恒常的に確保していこうとした。よって、藩校教育は武士の教育ニーズの高まりというよりも、藩体制の再確立を主眼とする政治との密接な関係の中で進められた。

2) 庶民の教育

(1) 寺子屋 (手習所)

　寺子屋とは、主として庶民の子弟に読・書・算や実務上の知識技能を教育した民間教育施設である。中世寺院での僧侶による俗人子弟の教育に起源を持つことから寺子屋と呼ばれ、学習者を寺子（または筆子）と言った。「寺子屋」の名称は主に上方で用いられ、江戸では「手習指南所」「手跡指南」などと呼ばれ、元禄から享保期にかけてまず三都を中心に普及し、その後全国各地に広がっていった。幕府や諸藩も庶民の教育機関が果たす役割に注目し、民衆に対する上からの啓発・教化を行った。例えば、江戸幕府 8 代将軍徳川吉宗は、寺子屋の教材として『六諭衍義大意』を 1772（享保 7）年出版し、「善をすすめ悪をいま

し」め（同序文）期待する人間像を実現しようとした。

　まず、「誰が」、教えたかということである。寺子屋の師匠には、武士、浪人、神主、僧侶、医師など身分は異なっていてもおおよそ教授できる知識を持つ者であった。性別では全国的に男が圧倒的に多かった。江戸のような大都市では相当数の女子師匠も存在した。

　寺子（学習者）の入学（寺入・寺上・登山）年齢は、一般的に 7〜9 歳である。入学時期は、天保期の江戸においては、習慣として二月最初の午の日に行われたようであるが、幕末期には六月六日となっていた。入学時に子どもに付き添って行くのは、母親あるいは母親代わりの乳母の役目であった。寺子屋入学の際、延享期以前は学習者も礼服を着用して荘重な入門儀式がなされていたが、宝暦期以降、入門手順等が簡略化され庶民たちも手軽に寺子屋に入るようになっていった。また、入門時には紙・墨・筆などの教具を持参し、束脩（入門料あるいは授業料）・謝儀（授業料）を納めて、3 年から 5 年ほど在学する場合が多かったようである。「束脩」とは『論語』に出てくる原義が「束ねた乾し肉」の語で、古代中国で初めて入門する時に持参する贈り物のことである。

　つぎに、「どのように」教えたかということである。師匠と寺子との個人教授が中心であったため、師匠は一人ひとりの寺子（学習者）の能力にあわせて指導を行った。つまり、寺子屋での学習形態は現在のように画一的ではないのである。また、農繁期など学習者の都合で学習を中断することも常態であったので、学習者の都合に合わせる教育形態であった。よって、入学時期もまちまちであり、かつ今日のような卒業という概念も存在せず、学習者自ら学力がついたと判断した時が卒業（下山）なのであった。

　つづいて、「どのような教材」を使って、「どの程度」の内容が教授されたかということである。寺子屋の基本的教育内容は、文書を読んで書けるようになること、そしてそれを土台として社会生活に必要な知識を得ることであり、進んで道徳的素養を身につけることであった。手習いの基本として、一般的に伊呂波・村名・町名・数字・苗字尽・商売往来・庭訓往来・消息往来・千字文などが用いられたが、特に重要視すべきは「**往来物**」である。往来物とは、平安時代後期から明治時代初頭にかけて主に往来書簡などの手紙類の形式をとって作成された初等教育用の教科書の総称である。江戸時代には、武士や商人・農民など身分それぞれの必要に合わせた知識や慣習を盛り込んだものや、習字の手本として使われた「字尽し」など書簡形式をとらないもの、地理・歴史、道徳的な要素を盛り込んだもの等、用途にあわせた形式による往来物が著された

が、現存するものは約 7,000 種と言われている。江戸時代には、南北朝期から室町初期にかけて成立したとされる『庭訓往来』のような既成の往来物に加え、新たな往来物が目的に応じて著されるようになった。

　内容的には、身分や地域社会の生活に結びつけた編成がなされており、「山高き故に貴からず」にはじまる『実語教』などの教訓的なもの、「都路は五十次余にみつの宿」にはじまる『都路往来』などの地理的教材、「抑、農家耕作の事」からはじまる『農業往来』など職業教育を主眼としたもの等に分類できる。概して、寺子屋の教育は生活に即した教育であった。

（2）庶民の教育要求―寺子屋が普及した理由

　この時代の庶民教育の代表は寺子屋であり、全国各地に広く設置された。寺子屋への就学率は、江戸のような人口が多い地域では 86％と高かったが、南関東の中農層の多い地域では 10％強であるとされ、地域により大きな格差があった。しかし、寺子屋の広がりは明治初年における急速な小学校の普及の基礎となった。寺子屋が近世後期以降に急速に増加した要因は次の 2 つが考えられる。

　まず 1 つ目は、庶民の自発的な「学びたい」という要求の誕生である。経済活動が急速に活発化し、物々交換を主とした自然経済から貨幣経済へと移行して、町民にも読み・書き・計算の能力の必要性が高まり、農民も生産力を向上させるため農業技術書を読み、村外の人々との交流をするため、学力を獲得する必要性に迫られていたからである。

　次の、2 つ目の要因は、支配者が弛緩してきた封建的秩序を回復維持するために、たびたび触れ書きなどを出したが、庶民がそれを読み書きできなければ効果は上がらないため、理解し服従するように学習を奨励したからである。

　庶民の間では、幕府や藩の保護統制によらないで、読・書・算の教養を子弟に授ける教育施設が普及していった。庶民とは、当時の身分制社会の農民・職人・商人のことであり、職人と商人は一括して町人と呼ばれた。

　自然経済を基盤として成立した徳川幕藩体制であったが、江戸幕府開府後一世紀を経た元禄期には貨幣経済が大きく発展した。それにつれて一部富裕商人は、財政的に苦しむ諸藩などに金を融通したり、米穀その他諸種の商品を仲介して利益をあげていった。貨幣経済・商品経済が大きく社会に浸透していくなかで、近世町人は、智恵・才覚・算用によって営利と貨殖につとめる、いわゆる「町人の道」という生活理想を形成していった。彼らの生活において、金銀は大いなる価値を有していたが、単に金銀を貯めるだけでは不十分で、さらに

質素・倹約・勤勉・努力といった徳目も同時に重要視された。つまり、日常生活において獲得した金銀を浪費することなく、享楽や怠惰を抑制することが必要であった。そして、町人は「義理と人情」の生活理念や、「粋」といった美意識を生んだ。

近世社会の人口構成において 8 割強を占め封建体制の基層をなした農民は、武士に次ぐ身分として位置づけられてはいたが、実際には衣食住のすべてにわたり厳重な統制に服していた。したがって、期待された農民像は、あくまで倹約を旨とし年貢等を納め、農耕に誇りを持って精勤するというものであった。時には藩の圧政に対して一揆をもって抵抗する農民であったが、やがて高度な教養や趣味を求める富裕な上層農民も現れるようになっていく。

近世封建体制下において、庶民の教育要求、特に読み書き能力の必要性がとみに高まっていった。第一に、幕藩体制における文書による支配方式という政治的要因が、その背景にある。豊臣秀吉による兵農分離政策は徳川幕府にも引き継がれた。武士と農民の生活圏が空間的に隔てられ武士が日常的に村にいない状態の中で、法度・触書・高札などの文書による指示命令を通じて年貢等の徴収や治安維持を行った。このため、村の中に領主支配を代行する名主・組頭・百姓代（村方三役）といった村役人を置き、彼らを通して文書による領主権力の命令を一般農民に伝えるという運用がなされた。この文書による支配システムは、必然的に村役人などの上層農民にとって読み書き能力が必須の課業となり、また一般農民に対しても一定の識字能力が期待されたのである。

第二に、貨幣経済の発展に伴い商業資本が台頭したことによる経済的要因があげられる。貨幣経済・商品経済の発展によって、商人の社会的影響力が高まり商業活動に必須である読み書きソロバン（算盤・十露盤）能力と、それを使った大福帳と呼ばれる帳簿の作成技術などが一層不可欠となり商人の基礎教養とされた。他方、農民においても従来の自給的農業生産だけでなく、商品作物の生産も行うようになり、その栽培方法や商品交換に関する知識技術を習得し記録していくための読み書き能力が必要となっていった。17 世紀末から 18 世紀初頭にかけての元禄・宝永期に河内国（大阪府）の某酒造業者は、「耕作の上手に至て進退能成たきと思ふ者は、先農人帳と云日記を一巻調へ置」（『河内屋可正旧記』）くよう、文字による農事の記録を推奨したのがその一例である。

3 節　幕末になると藩校が洋学校化したのはなぜか

　江戸幕府はキリスト教の禁教と貿易の統制を目的に日本人の海外渡航を厳しく禁止し、外国船の渡航を制限する一方で、長崎出島ではオランダ・中国との貿易を認め、朝鮮からは対馬の宗氏、琉球からは薩摩の島津氏を通じて朝貢する使節を受け入れた。このように、幕府は窓口を制限することで海外からの情報と貿易を独占しようとした。いわゆる**「鎖国」**である。

　幕府は、「キリスト教の布教禁止」といった方針のもとに日本人の渡航を禁じ、取引国を段階的に制限していき、徐々にすべての貿易を幕府の統制下に置くことで、国内の支配体制（幕藩体制）の安定を図った。さらに、外交を一手に握った幕府が得ようとしたものは、物品だけではなかった。「海外情報」の収集にも重きを置いていたのである。海外の動向を知らせていたのは、「唐船風説書」や「オランダ風説書」だった。「オランダ風説書」は、長崎出島に商館を置いていたオランダ（正確には東インド会社）の新任の商館長（カピタン）が来日した際に将軍に提出していたもので、幕府の要人のみが閲覧を許されるトップ・シークレットであった。「鎖国」とは言っても、閉鎖的なそれではなく、長崎以外にも、対馬、薩摩、松前の 3 つの外交窓口を開くなど「開かれた鎖国」であったと言うことができる。

　日本の近世後期は、国際的には欧米諸国が、軍事力にものを言わせて、アフリカやアジアを植民地にしていく**帝国主義**の時代であった。実際、江戸時代の末期には、「鎖国」をとっていた徳川幕府に対し、アメリカやイギリス、ロシアなどが開国を迫っている。日本もいつ植民地にされるかわからない状況で、有用な人材を育成し強い国を目指していく必要があった。

　そうしたなかで、江戸幕府は 1797（寛政 9）年に昌平坂学問所（昌平黌）を直轄の文学所としたが、国防や開国後の外交政策を展開する必要から、洋学、武術、海軍などの直轄校や伝習所を設置し人材養成に乗り出した。幕府の文教政策は、直轄諸学校を興して時局に応ずる人材を養成し、他方では多数の外国人教師を招いて当面必須の技術を伝授させるという二大体系をなしている。前者では日本人教師が教授にあたり書籍上の勉学を主体とし、後者はもっぱら外国人教師が教導にあたり外国人による直接伝授を行なった。

1）洋学研究・教育機関

　江戸幕府は、西洋諸国との和親条約が締結された 1854（安政元）年以降、西洋海軍技術導入と外交事務処理能力向上の必要から、1855（安政 2）年に洋書翻訳と洋学教育を担当する洋学所を天文方の蛮書和解御用（蛮書和解御用掛）から独立させた。その後、洋学所は漸次拡充され、1856（安政 3）年に蕃書調所、1862（文久 2）年には洋書調所と改称し昌平坂学問所と同格の幕府直轄校となり、さらに 1863（文久 3）年に開成所となった。

　蕃書調所から洋書調所にかけての時期に、幕臣のみを教育対象としていたものが、1858（安政 5 年）には諸藩士の入学を認めるようになり、また授業科目もはじめは蘭学一科であったものが、1860（万延元）年から 1862（文久 2）年にかけて英語・フランス語・ドイツ語、精煉（化学）、器械、物産、画学、西洋数学、西洋印刷術の研究・教育が開始された。

　慶応期の開成所では、西洋軍事技術修得の基礎となる外国語などを学ぼうとする幕臣が急増し、英学科だけでも毎日 300 人の生徒が出席するようになり、1867（慶応 3）年末には昌平坂学問所をしのぐ 60 名の教官を擁する重要な教育機関となった。なお、1866（慶応 2）年から翌年にかけて教育体制の改革がなされ、教員を身分によらずその能力により三階級に分け、さらに同じ等級の者の処遇を一律にした。このような能力主義に基づく職階制を採用したことは、従来の幕府官職制度の枠をこえたものである。

2）軍事研究・教育機関

　江戸幕府はその軍事力を高めるため 1850 年代半ばに陸海空の研究・教育機関を相次いで発足させた。海軍の教育機関として、オランダ商館長の勧めにより 1855（安政 2）年に長崎海軍伝習所が設立され、オランダ海軍軍人たちにより軍艦運用術、航海術、語学、医学、西洋数学、造船学などの教育が行われた。伝習生は、幕臣だけではなく佐賀藩・薩摩藩・福岡藩など諸藩からの参加も認められた。伝習生として派遣されていた佐賀藩士中牟田倉之助（日本海軍軍人。海軍大学校長、枢密院顧問官などを務める）は、あらかじめ蘭学や和算を学んでいた伝習生はおおむね好成績を収めており、また和算の素養があった中牟田自身も航海術を学ぶ際に和算の知識が大変役に立ったと述懐した。

　やがて、長崎海軍伝習所と並んで 1857（安政 4）年に江戸築地の講武所内に

設置された**軍艦教授所**（のち**軍艦操練所**に改称）に重点が置かれるに及び、長崎海軍伝習所は 1859（安政 6）年に閉鎖された。長﨑海軍伝習所の閉鎖後、軍艦操練所が海軍教育の中核機関となり、また幕臣のみを教育対象としていたものが万延期に諸藩士も受け入れるようになった。

　軍艦操練所が 1864（元治元）年の火災により機能停止となったことで、当時の軍艦奉行勝海舟により同年に神戸海軍操練所が開設されたが、それは翌年に廃止された。以後、速やかに再建された軍艦操練所は軍艦所と改称され、さらに幕府海軍の行政機関としての機能が加わり海軍所となった。

　幕臣の武術作興のため 1856（安政 3）年に江戸築地に設置された講武所は、その掟書に「武を講ずる肝要は弓・剣・槍の芸を学び礼儀廉恥を基として武道もっぱら研究いたすべきこと」とあるように伝統的武術である剣術、槍術、弓術、柔術、砲術（ただし、和流と西洋流を併置）が教授された。しかし、幕府が西洋式軍制を採用した 1862（文久 2）年には実践的効果が疑問視される弓・犬追物・柔術の稽古が差し止められ、1866（慶応 2）年に講武所は廃止となり陸軍所に吸収された。

3）西洋医学研究・教育機関

　天然痘の予防・治療を目的として伊藤玄朴と大槻俊斎が 1858（安政 5）年に設置した種痘館は 1860（万延元）年に幕府直轄の**種痘所**となり、翌年には教授・解剖・種痘の 3 部門を有する**西洋医学所**に、1863（文久 3）年に医学所へと発展した。これまでは医師の養成だけではなく蘭書を広く読むことを教えて人材を育てようとしていたが、医学所ではその目的を医師養成の一本にしぼり、蘭書の購読よりも教師の講義を主とし、また初めて体系的な医学教育課程を定めた。

4 節　近世末期における教育の近代化の萌芽

1）私塾における近代的教育の萌芽

　江戸時代は、**私塾**と呼ばれる教育機関が多く出現した。藩学が、官許の学問の域を超えられないのに対し、私塾は官に拘束されなかった。自由に新しい学

問を求めた漢学塾も多く設立された。日本の古典について学問が進み、幕末の尊王攘夷運動に大きな影響を与えた国学塾や、オランダ以外の欧米諸国から到来した学術を広く学ぶ洋学塾も登場した。有名な私塾には、身分を異にする好学者が日本全国から笈を負って集まった。17世紀には儒学を教授する**中江藤樹**（陽明学派）の**藤樹書院**や伊藤仁斎（古学派）の**古義堂**、18世紀には大槻玄沢が江戸に開いた蘭学塾の芝蘭堂などが有名である。

　吉田松陰の**松下村塾**は下級武士などを集め、社会改革の担い手を育てるなど明治維新を支えた有能な人材を多く輩出した。**広瀬淡窓**の**咸宜園**では、教育方法や評価方式の改革が取り組まれた。最初は門弟が2人であったが、その教育方法の名声が全国に伝わり、短期間で4000人まで急増した。ここでは門弟の等級を身分で分けるのではなく、毎月の学力検査で定めた。**緒方洪庵**の**適塾**でもその方式がとられ、若者たちが精力的に学んだ様子が、門弟の福沢諭吉の『福翁自伝』に記されている。咸宜園では門弟が多かったため、従来の個別指導の方式の指導が不可能であり、現在のような一斉指導の方式がとられた。

　また、教育指導には知識伝達だけでなく、学習環境としての学級経営や生徒指導が必要であることを主張した。個人指導が中心の当時において、この新視点は、近代教育の先がけといえる。

（1）咸宜園

　咸宜園は、1814（文化11）年に折衷学派の儒学者広瀬淡窓が豊後国（大分県）日田に開いた漢学塾で、淡窓以後10代の塾主により継承され1897（明治30）年まで運営されや。淡窓一代の入門者総数は64か国約3000人にのぼる。その身分は、武士・僧侶・医師・町人・農民などさまざまで、さらに女性の入門者も存在した。門人の中には高野長英、大村益次郎などがいた。

　入門に際して、年齢・身分・入門時におけるそれまでの学習歴の3つを剥奪して（三奪法）入門者を同一線上におき、学力試験によって点数を与え、一級から九級まで順に進級させるシステムをとり、さらに塾生全員の成績を月ごとに評定しその一覧表（月旦評）を公表した。これは、学力のみの評価を旨とし、情実を極力排そうとする画期的な教育実践であった。そのため門人たちは「率め皆寝食を排し、単思刻苦するも、なおかつ及ばざることを恐る」（『夜雨寮筆記』）と研鑽を積んだ。

（2）適塾（適々斎塾）

　蘭方医の緒方洪庵が 1838（天保 9）年、大阪に開いた蘭学塾で 68 か国から約 600 人の入門者があり、その中には、大村益次郎、橋本佐内、佐野常民、大鳥圭介、福沢諭吉らがいた。

　入塾者は、オランダ語の素読と講釈を受けits文法などを修得した後、原書を読む会読段階に移る。会読段階の塾生は実力に応じて 8 級に分けられ、月に 6 回、5〜10 人で一組となり、塾頭・塾監などが会頭となり会読が行われた。会頭は、完全に読解できた者に△印、曖昧な点があれば討論に移りその勝者には○印、敗者には●印を付け、1 か月の点数を合計して席順を決め 3 か月続けて首席を占めると昇給する教育システムであり、塾頭を務めたことがある福沢諭吉は「正味の実力を養う」教育法であったと述懐した。適塾生は名利を求めず「ただ六かしければ面白い」から刻苦勉励する気風があり、原書の疑問点を他人に質問することは恥とされたから、彼らはオランダ語辞書を唯一の頼りとしてそれを読み解くことに努力した。

2）明治初年の教育

　明治政府は、1871（明治 4）年の廃藩置県と文部省創設による中央集権的教育行政機構の基礎ができるまでの間、諸藩を除く全国の府県（旧幕府領）の教育を統括する行政機能を大学（大学校）に担当させた。ただ、この時期は近代国家としての揺籃期であるため試行錯誤が続き、制度や学校名がめまぐるしく変わった。

　1868（明治元）年 6 月には旧幕府の直轄校であった昌平坂学問所・医学所を、同年 9 月には開成所を再興し、それぞれ昌平学校・医学校そして開成学校とした。翌年 6 月には昌平学校を主体とし開成学校と・医学校を総合した大学校を設立することとなり、さらに大学校は官制改革により官庁としての機能を持たされ、最高学府であるとともに中央教育行政官庁という二重機能が付されることとなった。同年 12 月、大学校は大学に、開成学校は大学南校に、医学校は大学東校に改称され、翌 1870（明治 3）年に大学は「大学規則」と「中小学規則」を定めて近代的大学組織と全国的規模の学校制度の構築を行なおうとした。しかし、旧藩体制が残存する当時において、大学は諸藩から選抜された貢進生を指導者として養成する機関としての性格を持たされたが、やがて大学は国学・漢学派と洋学派との紛争のため封鎖された。この後、大学は 1871（明治 4）年 7 月に文部省が設置されたために廃止となり、また大学南校・大学東校はそれ

ぞれ南校・東校と改称され、1872（明治 5）年の「学制」による南校は第一大
学区一番中学校、東校は第一大学区医学校となった。なお、第一大学区第一番
中学校は 1873（明治 6）年に再び（第一大学校区）開成学校となり、1874（明
治 7）年に東京開成学校と改称、第一大学区医学校も東京医学校と改称された。
これらは、1877（明治 10）年に設立された東京大学の法・文・理学部および医
学部の前身である。

【引用・参考文献】

内海﨑貴子編　2017　教職のための教育原理（第 2 版）八千代出版

木村政伸　2012　近世社会における人間形成　教育史入門　放送大学教育振興会

佐藤環編　2013　日本の教育史　あいり出版

立岩真也　2013　私的所有論（第 2 版）生活書院

辻本雅史　1999　「学び」の復権―模倣と習熟　角川書店

辻本雅史　2009　近世日本の教育思想と〈近代〉　教育思想史　有斐閣

9 章　明治期の教育と教育勅語

　私たちがあたりまえだと思っている「学校」というものを問いなおしてみたい。「学校は近代になって成立したものである」との説明はよく聞く。だが、この説明では、日本において①いつ近代的な学校制度が確立したのか、②近代の学校がもった役割とはなにか、③その役割をはたすために学校が持った機能は何かといった疑問が残る。そこで、本章はこれらの疑問を通じて学校が近代という時代に不可欠な装置として成立することの意味を考える。

1 節　日本における近代的な学校制度の確立

　日本における近代的な学校制度はいつ確立したのか。この問いにたいして、教育史における一般的な解答は 1900 年代となる。なぜなら、1900 年代に学校に関する法令が整い、小学校への就学率が男女ともに 98％ に達するからである（表 9-1）。では、どのような過程をたどって学校制度が確立したのだろうか。ここでは、初等教育（＝小学校）制度の整備に論点をしぼって述べたい。

　明治 5（1872）年 8（9）月に「学制」が出される。これによって、日本の近代的な学校教育が幕を開ける。「学制」は、オランダ・フランス・プロイセン・アメリカなどの欧米諸国の学校制度、特にフランスの制度を参考に制定したもので、西洋で発達した近代的な学校制度を取り入れたものであった。

　「学制」は、公教育（公権力の統制による教育）の担い手として、新たな学校を設置することを定めたが、その想定通りに学校は整備されなかった。文部省の統計によると、1874 年には小学校の設置数が 20,017 校を数えたが、（「学制」における小学校設置目標数は 53,760 校）、就学率は男女合計で 32％ にすぎず、就学率の低さが課題となった（表 9-1）。

　そのため、政府は初等教育の整備による就学率の向上を目指していく。文部省は、「学制」の問題点を改善するために、1879 年 9 月地方の自由裁量を大幅に認める「教育令」（「第一次教育令」とも呼ばれる）を出すが、地方への分権化をしたがために小学校教育に混乱をもたらす。文部省は、監督権を強化し事

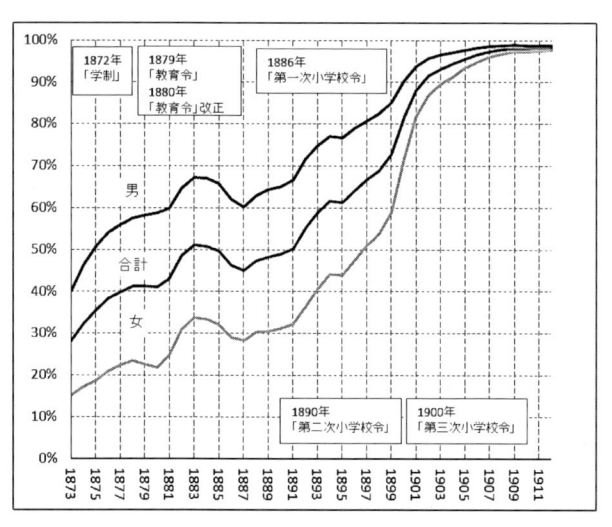

表 9 − 1　　明治期の就学率

態を収集するために翌 80 年 12 月教育令を改正（「第二次教育令」とも呼ぶ）するのであった。

　学制期から教育令期において就学率は増加傾向にあったが、1883 年男女合計53％をピークに下降に転じてしまう（表 9 − 1）。松方デフレの影響によって、学校へ通うだけの経済的余裕が無くなってしまったのである。子どもが貴重な労働力であった当時においては、「学校にいく」ことよりも「働く」ことの方が優先されるのであった。

　1886 年、**初代文部大臣**の**森有礼**（画 9 − 1）の主導によって出された「**小学校令**」（「**第一次小学校令**」とも呼ぶ）によってはじめて「父母後見人等」に子どもを「就学させる義務」が課された。小学校は尋常科（4 年）と高等科（4 年）とされ、尋常科の 4 年間は義務就学となった。だが、授業料の徴収を原則としていたので、「義務」は親たちの「自発性」に頼らざるをえなかったこともあり、これをもって義務就学制が確立したわけではない。

　1890 年 10 月に「小学校令」の改正（「**第二次小学校令**」とも呼ぶ）がおこなわれる。「第二次小学校令」によって、小学校の設置管理義務を

写真 9 − 1 森有礼

101

各市町村に課し小学校教育の責任主体を明確化したのであった。「第二次小学校令」が出た翌年の 1891 年には、就学率が男女合計で 50％ を超え以後も安定的に増加していく。「学制」以降、新たにできた小学校が受け入れられてきたのであった（表 9－1）。

このような中、1900 年 8 月に「小学校令」が改正される（「第三次小学校令」とも呼ぶ）。これによって戦前日本の義務就学制度が実質的に確立をみる。その義務就学制度は、①就学期間の間は「学齢児童保護者」に「学齢児童」を就学させる義務を負わせること、②尋常小学校における授業料の徴収を禁止し学校経費は国庫補助とすること、③「学齢児童」の雇用者に対して就学をさまたげることを禁止することによって就学よりも労働を優先する状況へ歯止めをかけることを含んでいた。

1900 年代には、その他にも中等教育制度が整備され「中学校」、「高等女学校」、「実業学校」からなる複線的な制度が確立する。その結果、学校制度は、全ての子どもに同じ教育をおこなう単一的な初等教育を基盤としながら、中等教育以降を複線化していく「分岐型」として確立したのであった。

その後、小学校教育は、国定教科書の導入（1903 年）と尋常小学校を 6 年間に延長した義務教育年限延長（1907 年改正、1908 年実施）といった変更が加えられたが、制度の基盤は「第三次小学校令」を引き継いでいく。

1909 年には就学率が 98％ となり「国民皆学」が達成される状況となった。ただし、この就学率が就学実態でないことに注意してもらいたい。就学実態を考えるためには、出席率・通学率といったことも考慮しなければならない。就学率と出席率は、1900 年代に 90％ に達するが、通学率は 1900 年度に 59％ でしかなく、1914 年にようやく 90％ を超えた。つまり、子どもが常に出席し、毎日学校にいくようになるのは 1914 年以降のことであった。「学制」以降約 40 年にして、義務就学制度はその実態を伴ったのである（国立教育研究所編　1974、pp.1005-1006）。

2 節　国民形成装置としての学校

1900 年代に学校制度が成立する。では、このような学校はなぜ必要とされたのか。近代に成立した学校の役割を考えてみたい。

前節のとおり日本の近代的な学校制度は、「学制」によって始まった。これに

よって、新たに学校が設置されたのだが、政府は「なぜ学校に行かなければならないか」といったことを説明する必要にせまられる。それを説明をしたのが「学制」と同時に出された「**学制布告書**」（そのほか、「**学制序文**」「**学事奨励ニ関スル被仰出書**」とも呼ばれる）であった。「学制布告書」は、新しくできる学校の理念をしめした文章として、教育史上重要な史料であるため、全文を掲げる（図9−1）。歴史を楽しむためにも史料の読解に挑戦してもらいたい。

　「学制布告書」の理念として特徴的なことは、学校で「学問」を受けることが個人的な利益につながると説明されていることである。つまり、一人前になり（其身を立て）、生計をたて（其産を治め）、仕事を盛んにして（其業を昌に）、生活をしていくためには（生を遂る）、学問が必要であるとされ（身を修め智を開き才芸を長するは学にあらざれば能はす）、その学問は学校でおこなわれるものとする（学校の設あるゆゑん）。学校で学ぶ学問は、**立身出世**のためであり（身を立るの財本）、すべての人が学問をするべきことを強調するのであった（人たるもの誰か学はすして可ならんや）。

　また「学制布告書」では、それ以前の教育のありかたを批判し新たな教育の意義を強調する論法がとられている。従来の教育は、武士のものであり（士人以上の事とし）、国家のためと役に立たない学問（空理虚談）となっていたとする。これにたいして、これからの学問は、身分に関係なく全ての子どもが学ぶべきであり（華士族農工商及婦女子必す邑に不学の戸なく家に不学の人なからしめん）、人々の生活に役立つ「**実学**」（日用常行言語書算を初め士官農商百工技芸及び法律政治天文医療）を学ぶとされた。ここで注意してもらいたいのが、「実学」の内容が身近な読み・書き・算術から、法律・政治・天文・医療といった西洋近代的な学問に向かっていることである。ここに、近世の学問である儒学の影響はみられない。

　「学制」による学校は、西洋近代的な学問（＝知識）を身につける場とされた。そのため、学校での教育が学問に偏っているといった指摘が盛んにみられる。明治天皇と東北地方を巡回していた際に小学校を視察した元田永孚は、英語をよく覚えている子どもに日本語訳するように求めるとまったくできず、農家や商家の子どもが家業のことも知らずに高尚な演説をおこなっていたことを日記でなげいている。そして、その原因を「学制」に求めるのであった。

　このような状況をなげいていた元田永孚は、儒学道徳をもとにした徳育を学校教育の根本とすべきだと主張した。元田は、1878年8月「**教学聖旨**」によっ

人々自ら其身を立て其産を治め其業を昌にして以て其生を遂るゆゑんのものハ他なし身を脩め智を開き才藝を長ずるによるなり而て其身を脩め智を開き才藝を長ずるハ學にあらざれば能ハず是れ學校の設あるゆゑんにして日用常行言語書算を初め士官農商百工技藝及び法律政治天文醫療等に至る迄凡人の營むところの事學あらさるハなし人能く其才のあるところに應じ勉勵して之に從事ししかして後初て生を治め産を興し業を昌にするを得べしされハ學問ハ身を立るの財本ともいふべきものにして人たるもの誰か學ばずして可ならんや夫の道路に迷ひ飢餓に陥り家を破り身を喪ふの徒の如きハ畢竟不學よりしてかゝる過ちを生ずるなり從來學校の設ありてより年を歴ること久しといへども或ハ其道を得ざるよりして人其方向を誤り學問は士人以上の事とし農工商及婦女子に至てハ之を度外におき學問の何物たるを辨ぜず又士人以上の稀に學ぶものも動もすれバ國家の爲にすと唱へ身を立るの基たるを知ずして或ハ詞章記誦の末に趨り空理虚談の途に陥り其論高尚に似たりといへども之を身に行ひ事に施すこと能ざるもの少からず是すなはち沿襲の習弊にして文明普ねからず才藝の長ぜずして貧乏破産喪家の徒多きゆゑんなり是故に人たるものハ學ばずんハあるべからず之を學ぶに宜しく其旨を誤るべからず之に依て今般文部省に於て學制を定め追々教則をも改正し布告に及ぶべきにつき自今以後一般の人民華士族農工商及婦女子必ず邑に不學の戸なく家に不學の人なからしめん事を期す人の父兄たるもの宜しく此意を體認し其愛育の情を厚くし其子弟をして必ず學に從事せしめざるべからざるものなり 高上の學に至てハ其人の材能に任かすといへども幼童の子弟ハ男女の別なく小學に從事せしめざるものハ其父兄の越度たるべき事

但從來沿襲の弊學問ハ士人以上の事とし國家の爲にすと唱ふるを以て學費及其衣食の用に至る迄多く官に依頼し之を給するに非されバ學ざる事と思ひ一生を自棄するもの少からず是皆惑へるの甚しきもの也

自今以後此等の弊を改め一般の人民他事を抛ち自ら奮て必ず學に從事せしむべき樣心得べき事

右之通被　仰出候條地方官ニ於テ邊隅小民ニ至ル迄不洩樣便宜解釋ヲ加ヘ精細申諭文部省規則ニ隨ヒ學問普及致候樣方法ヲ設可施行事

明治五年壬申七月　　太政官

図9－1　「学制布告書」

て、従来の学校が西洋的な学問の教授に偏っていることを批判し、教育の根本目的を「仁義忠孝」と位置づける。元田は、知識の教授を副次的なものと考えていたのである。これにたいして、**伊藤博文**（実際の起草は井上毅といわれている）は「**教育議**」によって、元田の儒学主義的なところを「復古的」と批判し「学制」以降の教育政策を引き継ぎつつも修正していく方針が重要であることを述べる。この論争は、**自由民権運動**への対応から伊藤らが元田に歩み寄りをみせ沈静化する。元田は、**『幼学綱要』**という修身書（道徳書）を編さんし、教師用書として学校へ配布した。しかし『幼学綱要』は修身書の指導書として

1 学校当り 1 部程度が「秘蔵」されるにとどまり、教科書として子どもたちが手に取ることはなかったとされる（佐藤 2004、pp.147）。

　学校教育の意義は、西洋近代的な学問（＝知識）の教授なのか道徳（＝徳育）なのかといった対立のなかで、独自の意義を主張したのが森有礼であった。

　森は、教育を国家との関係の中でとらえる。森にとって重要なことは、国家の富強であって、教育は国民の志気を培養発達させる役割を担うとされた。その教育と国家を結びつけるものが「愛国心」であり、森はそのために天皇制を活用することを避けない。つまり、森は教育の役割を「愛国心」を通じて国民を形成することにあると考えていたのである。森は、この意味において西洋近代科学を学ぶ教育を重視するが道徳教育を否定しない。だが、森は元田などがいうような儒学主義的な道徳教育に批判的であった。

　学校教育の意義は、国民形成にあるとして、国民形成の役割を担ったのが初等教育（＝小学校）であった。その小学校の教育目的は、1890 年 10 月「第二次小学校令」が出されることによって明確化される。小学校の教育目的は、「道徳教育」および「国民教育」ならびに「知識技能」の教授と定まったのである。ここで注目すべき点は、「道徳教育」と「国民教育」がおよびで接続されていることである。つまり、道徳教育と国民教育が一体とした目的となっていたのである。

　このような「第二次小学校令」の規定は、一目すると森の教育のとらえ方と似ているが、その実は異なることに注意したい。「第二次小学校令」では、道徳教育と国民形成が密接に結びついているが、森はいわゆる「知育」・「徳育」・「体育」の全てを通じた国家意識の形成を目的としており、道徳教育に特別な位置を与えていない。その森が、1889 年 2 月 11 日大日本帝国憲法の発布日に「誅殺」されてしまうと、教育政策においては彼がおこなった政策へのまきかえしが起こる。その文脈のなかで、「第二次教育令」が出たのであった（佐藤 2004、pp.219-280）。

　なぜ学校が必要とされたのか。この問いに対する答えは、学校を通じて国民を形成する必要があったからとなる。国民形成の中心を担った小学校では、道徳教育と国民形成の役割が結びついていた。しかし、この役割が近代的な学校を取り入れた当初から想定されていたわけでなかった。「学制」では、学校の意義は西洋近代の学問（＝知識）を身につけることによる個人的な利益と説明されており、森の国民形成論は道徳教育を重視したわけではなかったのである。

3 節　国民形成の根源としての教育勅語

　初等教育の役割は、国民を形成することにある。であるならば、どのように国民を形成するのか。子どもは生まれた家庭、地域によってさまざまな経験を持って学校に就学する。小学校は、そのような子どもを「国民」という画一的なものに仕立てあげなければならなかった。

　前節の通り「第二次小学校令」によって小学校の目的が明確にされた。そこで、その目的を達成するために、小学校教育の機能を整えなければならなかった。「第三次小学校令」によって、小学校の教科課程が確立し、その後義務教育年限が延長されると、尋常小学校の教科課程が修身・国語・算術・日本歴史・地理・理科・図画・唱歌・体操・裁縫（女子のみ）、手工（土地の状況によって設置）と定まる。この教科内容は、国定教科書によって統制され画一的で同質の「知識技能」を持った国民を形成することを可能とするものであった。

　一方で、道徳教育と国民教育を行う際の基本方針を定める必要があった。1890年山県有朋（首相）が開催した地方長官会議において徳育の基本方針を制定する要求があがる。この文脈において山県は、徳育の基礎となるべき勅諭の制定を目指す。そのために、1890年5月、芳川顕正を文部大臣に任命し徳育の基礎となる「箴言」（戒めの言葉）の編さんを始めるのであった。

　この結果、1890年10月30日に「教育ニ関スル勅語」(教育勅語)が天皇から文部大臣に与えられた（図 9−2）。教育勅語は、国務大臣の副書を欠いた（憲法上、全ての法律勅令、詔勅は国務大臣の副書が必要とされた）、天皇の著作物という形式の文書で全文315字からなる短い文章であったが、絶大な力をもっていくことになる。

　教育勅語の内容は、一般的に3段で構成されると理解されている。第1段は、「朕惟フニ皇祖皇宗国ヲ肇ムルコト……教育ノ淵源亦実ニ此ニ存ス」まで。第2段は、「爾臣民父母ニ孝ニ……爾祖先ノ遺風ヲ顕彰スルニ足ラン」まで。第3段は、「斯ノ道ハ……御名御璽」までとなっている。

　教育勅語において、最も重要なことを述べているのが第1段である。第1段では、教育の根本的な目的を歴史的かつ政治的な存在である天皇（制）に求める。天皇の祖先である「皇祖皇宗」が国を作り、道徳を立てたと述べ、「我臣民」が「克ク忠ニ克ク孝ニ」してきたことこそが、「国体ノ精華」であり「教育ノ淵源」であると述べるのであった。

教育ニ關スル勅語

朕惟フニ我カ皇祖皇宗國ヲ肇ムルコト宏遠ニ德ヲ樹ツルコト深厚ナリ我カ臣民克ク忠ニ克ク孝ニ億兆心ヲ一ニシテ世々厥ノ美ヲ濟セルハ此レ我カ國體ノ精華ニシテ教育ノ淵源亦實ニ此ニ存ス爾臣民父母ニ孝ニ兄弟ニ友ニ夫婦相和シ朋友相信シ恭儉己レヲ持シ博愛衆ニ及ホシ學ヲ修メ業ヲ習ヒ以テ智能ヲ啓發シ德器ヲ成就シ進テ公益ヲ廣メ世務ヲ開キ常ニ國憲ヲ重シ國法ニ遵ヒ一旦緩急アレハ義勇公ニ奉シ以テ天壤無窮ノ皇運ヲ扶翼スヘシ是ノ如キハ獨リ朕カ忠良ノ臣民タルノミナラス又以テ爾祖先ノ遺風ヲ顯彰スルニ足ラン斯ノ道ハ實ニ我カ皇祖皇宗ノ遺訓ニシテ子孫臣民ノ倶ニ遵守スヘキ所之ヲ古今ニ通シテ謬ラス之ヲ中外ニ施シテ悖ラス朕爾臣民ト倶ニ拳々服膺シテ咸其德ヲ一ニセンコトヲ庶幾フ

明治二十三年十月三十日

御名御璽

図 9−2　第二期　国定教科書に掲載された教育勅語

写真 9−2　明治天皇と皇后の「御真影」

　前段をうけ第 2 段では、12 の徳目が列挙されその実践を求める。こられの道徳のうち多くは、儒学的な道徳観（例えば、父母に孝行、兄弟は仲良くといった価値観）から近代的な道徳観（例えば、憲法・法律などの尊重）を含むもの

であって、「通俗道徳」的なものでしかなかった。だが、これらの徳目も、最終徳目において全て天皇（制）に還元される構造を持っていたことに注意しなければならない（「以テ天壌無窮ノ皇運ヲ扶翼スヘシ」）。

第3段では、前段の徳目が時代や国の内外を超えた普遍的なものであることを強調する内容となっており、天皇の署名（御名）・捺印（御璽）で教育勅語は終わっている。

教育勅語は、道徳教育と国民教育の基本方針を具体的にしめしたものであり、小学校教育全体を通じて教えられた。修身科ではその内容が知識として教えられ、学校儀式などを通じて教育勅語の価値観を身につけさせていく。芳川文部大臣は、教育勅語が出された翌日10月31日付けの『官報』に教育勅語の全文を掲載し、教育勅語の謄本を全国の学校に配布すること、各学校において式日その他において勅語を「奉読」することを求めた。その結果、各地で「勅語奉読式」が行われるようになり、儀式で教育勅語を「奉読」することが一般化するのであった。

学校儀式において、教育勅語の価値観を身につけさせるためにもちいられたのが「御真影」（天皇の御写真）であった（写真9-2）。「御真影」によって、国家元首としての天皇を可視化し、「御真影」に「最敬礼」を行わせることによって、儀式は「呪術的」な「神秘性」をもって行われるようになる（コラム参照）。

その結果、教育勅語と「御真影」が「神格化」されていくのであった。たとえば、1891年第一高等中学校（後の第一高等学校）の教員であり、キリスト教徒であった内村鑑三が宸署（天皇の直筆の署名）の教育勅語が「奉読」された際に「最敬礼」をせずに少し頭を下げるだけであったことを生徒が指摘し内村が辞職するといった事件が起こった（「内村鑑三不敬事件」）。このように、教育勅語と「御真影」の取りあつかいをめぐってはさまざまな「不敬事件」が起こっていくのである（小股2010、pp.282-289）。

教育勅語の制定によって小学校における教育は、天皇（制）といった価値観を身につけさせることによって国民（＝臣民）を形成していく機能を持った。だだし、教育勅語そして「御真影」が当初から絶大な影響力を持っていたわけではないという歴史的事実には注意したい（佐藤1994、pp.27-32）。

おわりに

　日本における近代的な教育は 1900 年代に確立する。学校は国民形成の役割を担い、小学校を通じて天皇（制）をもとにした価値観を身につけることによって国民（＝臣民）を形成する機能を果たした。それも、初等教育を単一的に制度化し義務化することによって、学校は大量で一定の質をもった国民（＝臣民）の形成機能を実現したのである。

　近代的な国家とは国民国家である。ここでいう「国民」は自然に形成されるものではなく、学校教育という装置を通じて形成されるものであった。その意味で、学校は近代に成立したものであるし、近代という時代に不可欠な装置である。

【参考図書】

山住正己　1987　日本教育小史―近・現代―　岩波新書

山田恵吾編著　2014　日本の教育文化史を学ぶ　ミネルヴァ書房

教育史学会編　2017　教育勅語の何が問題か　岩波ブックレット

【引用・参考文献】

小股憲明　2010　明治期における不敬事件の研究　思文閣

国立教育研究所編　1974　日本近代教育百年史（学校教育 2、第 4 巻）教育研究振興会

佐藤秀夫編　1994　続・現代史資料 8　教育　御真影と教育勅語 I　みすず書房

佐藤秀夫　2004　教育の文化史 1 学校の構造　阿吽社

【図表・出典】

表 9-1　文部省 1972 学制百年史（資料編）　帝国地方行政学会、214 頁のデータをもとに筆者作成。

写真 9-1　国立国会図書館「近代日本人の肖像」http://www.ndl.go.jp/portrait/（2019 年 4 月 1 日現在）

写真 9-2　佐藤秀夫編　1994　続・現代史資料 8　教育　御真影と教育勅語 I　みすず書房

図 9-1　教育史編纂会 1964 明治以降教育制度発達史　第一巻　教育資料調査会、pp.277-278

図 9-2　海後宗臣編 1962 日本教科書大系　近代編　第三巻　修身（三）　講談社、pp.84

□　コラム　　学校と儀式

　入学式あるいは卒業式といった**学校儀式**は、現在学校＜行事＞として定着しており重要な意味が与えられている。だが、このような儀式がいつから行われているのかは意外に知られていない。

　儀式を学校に＜行事＞として取り入れたのは初代文部大臣森有礼である。森は、「天長節」（天皇の誕生日）、「紀元節」（初代天皇神武天皇が即位したとされている日）において学校で「祝賀ノ式」を行う必要性をしめしていた。その目的は、「国風ノ教育」「忠君愛国ノ志気」を起こさせるためである。

　このような学校儀式は、教育勅語が出された後、1891年「**小学校祝日大祭日儀式規定**」によって全国規模において成立する。この規定によって小学校における儀式は、①「紀元節」、「天長節」、「元始祭」、「神嘗祭」および「新嘗祭」といった天皇（制）の祭祀日におこない、②儀式の内容は、「御真影」への「最敬礼」、両陛下への万歳、勅語の「奉読」、校長訓話、式歌斉唱とし、③参加生徒に茶菓または記念品等を与えてもよいことなどが定まった。

　しかし、学校儀式は当初から活気あふれるものとしておこなわれたわけではない。石川県の調査によると学校儀式によっては平常出席の五分の一の子どもしか集まらなかったという。このような状況のため、学校は「茶菓」などの「ご褒美」を用意することによって子どもを儀式に引きつけようとしたのであった。

　学校儀式にほぼ全ての子どもが出席し、安定的におこなわれるようになったのは明治末期頃であったとされている。学校儀式は、教育勅語と「御真影」を中心とした「呪術的」な「神秘性」をもった結果、森の期待した機能を充分に果たしていく。だが、森は天皇（制）を「愛国心」形成の道具程度にしか思っていなかったことを考えると、皮肉な結果とも言えるだろう。

10章　大正期の教育と新教育

新教育とはどのような教育改革運動だったのか

1節　大正期になぜ新しい教育が可能となったのか？

1) 大正期における民衆運動

　日露戦争後の講和条約では、賠償金支払いを含まない条件が明らかになると、戦争の犠牲・負担を負わされてきた国民の不満が爆発した。講和条約反対を唱える民衆が警察署、国民新聞社、内相官邸などを焼き打ちした（日比谷焼打事件）。国家の政策決定に参加する機会を持たない民衆は、時に直接行動によって国家の政策に異議を唱えた。大正期には、民衆の政治参加を求める普通選挙運動が広がり、国家の側も次第に高まる民衆の声を無視し得なくなっていた。一方で、資本主義経済の進展に伴い労働運動、社会主義運動が活発化して、ロシア革命後はそれらの運動も盛り上がりを見せた。

　1918（大正 7）年に富山県の漁村で始まり、その後全国的な広がりを見せた米騒動は、結果として**寺内正毅**（1852-1919）内閣を解散に追い込み、最初の政党内閣である**原敬**（1856-1921）内閣が成立した。こうした民衆の暴動をきっかけとした政党内閣の誕生は、民衆の時代の幕開けを人々に知らしめることになった。このような中で、東京帝国大学法学部教授の**吉野作造**（1878-1933）は「憲政(けんせい)の本義(ほんぎ)を説いて其有終(そのゆうしゅう)の美を済(な)すの途(みち)を論ず」と題した論文を発表し、「**民本主義**」（国民主権を避け、天皇制国家を前提とした独自の「デモクラシー」解釈）を提唱した。

　教育政策においては、天皇制を中心とした国家主義体制を強固にするための「**臣民教育**」が徹底された。学校教育では、天皇制国家体制に順応する「臣民」の形成が目的とされ、画一主義的な注入教授や形式的管理が支配的であった。しかし、大正期には自由主義的風潮の高まりによって、天皇制国家体制を揺るがせない範囲で部分的に教授法改革が行われた。国家主義的な教育目的・内容

に抵触しない、教育形態や教育方法においては、ある程度その画一的で注入的な方法を改めることが許された。

2）臨時教育会議の改革構想

　第一次世界大戦後の社会変革に直面した政府は、ロシア革命の影響や労働運動の高揚への対処、さらに教育の大衆化や都市新中間層の形成への対応策を探るとともに、天皇制を基軸とする国家体制の再編を進めなければならなかった。そこで、1917（大正 6）年 9 月に寺内内閣は、時代状況の急激な変化に対応できず行き詰まりを見せていた教育体制を抜本的に改革するため、内閣直属の諮問機関として**臨時教育会議**を設置した。委員会は総裁に平田東助、副総裁に久保田譲、委員には小松原英太郎、一木喜徳郎、山川健次郎、沢柳政太郎、成瀬仁蔵らで構成された。同会議は 1919（大正 8）年 5 月に廃止されるまでの間に、初等教育、高等教育、大学教育および専門教育、師範教育、視学制度、女子教育、実業教育、通俗教育、学位制度の広い領域にわたって、さまざまな改革の構想を提示した。

　臨時教育会議の成果として注目されるのが、高等教育制度の改革である。政府は大戦後の国際競争の激化に対応するためエリート養成を目的として、中学・高等学校そして大学教育の制度を改めようとした。同会議の答申をうけて、1918（大正 7）年 12 月に「**高等学校令**」が公布された。これによって官立のほか、公立、私立の高等学校が認められることとなった。修業年限は尋常科 4 年、高等科 3 年の 7 年制を原則とすることが定められた。官立では、新潟・松本・山口・松山に新たに高等学校が設置され、それを皮切りに公立・私立学校を含めて新設が続いた。高等学校の拡充に伴い大学も拡張された。当時、私立大学は法令の上では専門学校扱いであったため、帝国大学と同等の待遇を求めていた。他方、官公立専門学校も単科大学への昇格を望んでいた。1918 年に帝国大学令とは別の「**大学令**」が公布され、新たに公立、私立大学や単科大学の設置が認められた。これによって従来は法令上専門学校であった早稲田・慶應義塾・明治・法政・同志社などが、私立大学として設立認可を受けた。以後、続々と私立大学の設立が認められていく。一方、1920（大正 9）年 4 月、東京高等商業学校が昇格して、初めての官立単科大学である東京商科大学（現一橋大学）となった。このような高等教育の拡大政策の背景には、産業の発展によって高度な専門教育を受けた人材が産業界に求められたことや、中等教育機関の卒業

者が増加したことによって、高等教育機関への進学希望者が著しく増加したことなどが挙げられる。

　初等教育については、教育費の国庫負担を増やして財政的基礎を与え、教育内容の改善充実を図ることが答申の中心となった。1907（明治 40）年の小学校令改正によって、義務教育年限は 2 年延長となっていたが、市町村の教育費負担は増大し地方財政を圧迫していた。大正期には地方財政の疲弊は極限に達し、俸給不払いや物価高騰による教員の生活苦が社会問題となった。臨時教育会議では、小学校教員の俸給は国と市町村の連帯支弁として、半額を国庫負担するよう答申した。1918 年 3 月公布の**市町村義務教育費国庫負担法**により、尋常小学校教員の俸給の一部が国庫負担となった。このことは、義務教育に対する国の財政上の責任を明確にしたという点で画期的な改革であった。他にも同会議では、国内での社会運動の盛り上がりに対抗するため、天皇制教育体制の再強化策が審議された。その結果、兵式体操の振興や国民道徳教育の強化、小学校教育の画一的な教育内容・方法の是正などが答申された。

3）都市新中間層の教育意識

　大正期には都市部を中心に**新中間層**と呼ばれる新たな社会階層が登場した。彼らは中等・高等教育が拡大し学歴社会が成立するなか、進学競争を勝ち抜いて得た学歴を元手にして、会社員や銀行員などの俸給職、教授や医師、弁護士、自由業などの専門職、あるいは教員、官吏、軍人などの公務職に携わった（表 11 − 1 参照）。新中間層の多くは地縁・血縁を離れて都市に流入した人々であり、そのまま都市で就職・結婚して新しい家族を形成した。その家族は夫婦と少数の子どもからなる**核家族**であり、夫が家庭の外で働き、妻が家庭で家族のための家事労働に従事するという**性別役割分業**をとった。新中間層の間には**産児制限（避妊）**の考えが広まり、子どもが「授かるもの」から計画的に「作るもの」として捉えられ、少ない子どもをよりよく育てる意識が広まった。新中間層の親が子育ての拠り所とした考え方には、子どもの純真さや無垢を称賛し自発性・個性を大切にして育てたいとする**童心主義**、反対に子どもの無知や野放図を嫌い厳しいしつけが必要であるとする**厳格主義**を併せ持っていた。さらに、将来の受験準備を重視しようとする**学歴主義**にも根ざしていた（広田 1999、p.57）。

　新中間層は、主として都市部に移住し役所や会社などで働く給与生活者であ

り、彼ら自身の社会的地位を子どもに受け継がせるためには、高い学歴を身に
つけさせるしかなく、子どもの教育に多大な関心と熱意を示した。親こそが子
どもの教育の責任者であるという考えは、学校・教師に多様で過剰な要求を突
きつけることになる。大都市の小学校では、受験準備を要求する父母の声によ
って、中等学校への進学準備に熱心にならざるを得なくなっていた。

中間層	旧中間層 I	農業	
		水産	
	旧中間層 II	工業	染織、出版、印刷、写真、製菓業など
		実業	
		商業	貿易、材木商、質屋、旅館業
新中間層	新中間層・俸給	会社員	
		会社役員	
		銀行員	
		実業家	法人経営など
	新中間層・専門	教授	
		医師	
		弁護士	
		専門	弁理士、会計士、薬剤師
		新聞・著述	
		自由業	芸術家、書家
	新中間層・公務	教員	私立学校教師も含む
		官吏	満鉄官吏も含む
		代議士	貴族院議員も含む
		軍人	海・陸軍人
		団体	
		宗教	僧侶・牧師

表 10-1　職業と階層の分類

2 節　新教育の学校や教育の実践主体

1）新学校の教育実践

　19 世紀末に生起した国際的な新教育運動においては、教師中心の画一的詰め込み教育が批判され、いわゆる「子ども中心」の教育思想や経験主義に基づく多様な実践が生み出された。それは大正期の日本にも紹介されて一大ブームといえるほどの影響をもたらした。日本における新教育は、**大正新教育運動（大正自由教育運動）** と呼ばれている。この運動の拠点となったのが、**新学校** と呼ばれた諸学校であった。新学校には、新しい教育実践を目指して開設された私立小学校や、一定程度の教育研究が認められていた師範学校附属小学校（以降、附小と略記）を指摘することができる。表 11-2 に示したように私立小学校には、沢柳政太郎（1865-1927）の成城小学校、野口援太郎（1868-1941）の池袋児童の村小学校、赤井米吉（1887-1974）の明星学園などを取り上げることができる。附小の著名実践校としては、及川平治（1875-1939）の明石女子師範学校附属小学校や手塚岸衛（きしえ）（1880-1936）の千葉県師範学校附属小学校、木下竹次（1872-1946）の奈良女子高等師範学校附属小学校などが最もよく知られている。以下では、新教育運動の主導的な役割を果たした諸学校の実践について概観しておきたい。

　1917（大正 6）年 4 月、**沢柳政太郎** が創設した **成城小学校** は、①個性尊重の教育、②自然に親しむ教育、③心情の教育、④科学的研究を基盤とする教育の 4 つの方針を掲げた。同校では、1 学級 30 名以内の少人数指導や授業の 1 単位時間を低学年 30 分、中学年 35 分、高学年 40 分として、子どもの発達段階を考慮した教育実践を行った。さらに修身は第 4 学年、算術は第 3 学年以上に教授することとし、英語と自然科を第 1 学年以上に特設するなど、独自な実践を展開している。高学年においては「特別研究」とい

写真 10-1 沢柳政太郎

う独自の取り組み（週に 2 時間、学級を撤廃して子どもが好きな科目・題材をもって教師のところに行き研究する）を導入した。「特別研究」では **ドルトン・**

プランの導入が図られた。ドルトン・プランは、アメリカ人のパーカースト（Helen Parkhurst,1887-1973）が考案した学習法である。その特色は、「自由」と「協同」を基調として従来の一斉教授を打ち破り、一人一人の子どもの個性や要求に応じた個別学習の方式を採用した点にある。

　ドルトン・プランでは、児童が教師と契約したアサインメントに従い、自分のペースで各教科を学習する。従来の学級や時間割は廃止され、各教科の実験室で担当教師の指導の下、学習が進められる。従来の学級を単位とする画一的な一斉教授に対し、児童が自分のペースで、しかも教科の難易に応じて自由に時間を配当できるこの学習法は、教育改造への具体的方法を模索していた日本の教育界から大いに歓迎された。

	学校名	所在地	創設者・実践者	実践の名称等
私立小	成蹊実務学校	東京	中村春二	
	成城小学校	東京	沢柳政太郎	ドルトン・プラン
	明星学園	東京	赤井米吉	ドルトン・プラン
	玉川学園	東京	小原国芳	
	池袋児童の村小学校	東京	野口援太郎	
	芦屋児童の村小学校	兵庫	桜井祐男	
	雲雀ヶ岡児童の村小学校	神奈川	上田庄三郎	
附属小	千葉県師範学校附属小学校	千葉	手塚岸衛	自由教育
	明石女子師範学校附属小学校	兵庫	及川平治	分団式動的教育
	奈良女子高等師範学校附属小学校	奈良	木下竹次	合科学習
公立小	東京市富士小学校	東京	上沼久之丞	ドクロリー・メソッド
	神奈川県田島小学校	神奈川	山崎博	体験教育
	福井県三国小学校	福井	三好得恵	自発輔導主義教育法
	岡山県倉敷小学校	岡山	斎藤諸平	ドルトン式自律学習

表 10-2　「大正新教育」の実践校

及川平治は、1907（明治 40）年に明石女子師範学校附属小学校の主事になると、「為さしむる主義による分団式教授法」という教育法を提唱した。及川の著作『分団式動的教育法』（1912 年）は、関東大震災で紙型焼失のため絶版となるまでに 25 版を重ね、2 万 5000 部を売り尽くし、教育書としては空前のベストセラーとなった。さらに 3 年後の 1915（大正 4）年に続編として『分団式各科動的教育法』を出版している。同校にはその実践に学ぼうと年間 1 万人を超える参観者が訪れ、大正期における教育改造運動の発展に大きな役割を果たした。

写真 10－2 及川平治

及川の教育理論の特徴は、「分団式教育」と「生活単元」、そしてこの 2 つを思想的に支えた「動的教育論」にあるとされる（橋本 2012、p.147）。分団式教育は、教師が個々の児童の習熟度や興味関心の差異などに応じて臨機応変に一時的な分団をつくり、それぞれの状態にあわせて指導を行うという方式である。一方で、及川のカリキュラム論を特徴づけていたのは、児童の生活に即した題材を授業に取り入れる生活単元という考え方であった。彼の分団式教育、生活単元を思想的に支えていたものが動的教育論である。及川は、児童 1 人ひとりが自発的に学習する動的教育の方途として、個々の児童の能力や興味の違いを重視すること、そして児童自身が学習を深化させていけるような学習法を身につけさせることを説いた。

手塚岸衛は 1919（大正 8）年に千葉県師範学校附属小学校の主事に着任し、「自由教育」を展開した。「自由教育」の理論と実践は、手塚の主著『自由教育真義』にまとめられている。彼の唱えた「自由教育」論は、放任された無秩序な教育と区別され「自然の理性化」（自然の状態にある児童を「真善美」という価値の実現へと導いていくこと）を目指して、児童の自学と自律を尊重してなされる教育である。授業では、「共通扱」

写真 10－3 自治集会の様子

と「分別扱」という二つの教授形態を相互に組み合わせた学習指導が行われた。

「共通扱」とは、教師が中心となって学級全体で同じ教材を学習する一斉指導のことである。これに対して、「分別扱」は児童個々の学習の進度に応じた自学学習である。他にも、「自由学習の時間」は、教科学習で行われる「分別扱」よりもさらに徹底して、学習の内容と方法が児童の自発性と自由に委ねられていた。この時間には玩具の製作をしようと、教科外の自由研究をなそうと、雑誌を読もうと児童の自由とされた。教科外の活動においては、自治的訓練が重視され、尋常科 1 年生から**学級自治会**が組織されている。このような新しい試みは、千葉県内はもとより全国的に影響を及ぼし、同校へは多数の参観者が訪れるようになった。手塚や訓導らも各地の講演・研究会に出向き、「自由教育」実践を発信していった。翌年には、「白楊会」と称する運動団体を結成し、同校主催の自由教育研究大会の開催、機関誌『**自由教育**』を創刊して、教育改造を推し進めていった。

写真 10－4 木下竹次

奈良女子高等師範学校附属小学校では、1919（大正 8）年に着任した主事の**木下竹次**を中心に、学習法や合科学習を標榜し、従来の他律的な教育を打破して自律的な学習を生み出すべく実践研究が積み重ねられた。**学習法**の特色は、子どもを学習の主人公として捉えることを基本前提とするとともに、「独自学習─相互学習─独自学習」という学習形態が生み出された点にある。さらに、児童が独自学習を行うための時間としての特設学習時間が設けられ、教科の枠にとらわれない未分化な**合科学習**が生み出された。同校では新しい学習内容については、まず独自学習から始められた。児童一人ひとりが疑問に思ったことを自らの手の届くところから、実験・実習、図書・図表、あるいは指導者に導かれて学習を進める。次に相互学習においては、各自の独自学習を持ち寄っていくつかの共通テーマが設定され、学級あるいは分団を単位として集団討議が行われた。これらの授業方法は、同校の機関誌『**学習研究**』および講習会・研究会を通して、広く全国に知られるようになった。1923（大正 12）年には、年間 2 万人の参加者があったという。同校の教師たちは学習法・合科学習が有名になるにつれて、他校から招かれ、講習会・研究会に赴くことが頻繁に行われるようになった。

　以上のように、私立小学校や附小においては、児童の自発性や個性の尊重を掲げて、多様な教育実践の試みが展開された。これらの学校では、選抜された

特定の児童を教育の対象としており、経済的・文化的に恵まれた階層によって支持されていたからこそ、各学校独自の教育実践が可能であった。ところで、新教育実践は私立小学校や附小でしか取り組まれなかったのだろうか。従来の教育史研究では、一般の公立小学校には依然として古い教育体制が支配的であったと考えられてきたが、実は新教育の研究に取り組んだ公立小学校も存在していた。例えば、公立の著名実践校としては、富士小学校、田島小学校、三国小学校、倉敷小学校などを挙げることができる。公立小学校では、私立小学校や附小の教育理論の摂取にとどまらず、地域独自の観点から新教育理論を受容し、実践の改良を図っていたことが明らかにされている。

2) 八大教育主張講演会の開催

1921（大正 10）年に開催された**八大教育主張講演会**は、大正新教育運動を象徴する出来事として、日本教育史で必ず取り上げられる有名な講演会である。連日 2,000 人を超える聴衆を集めた講演会は、会場である東京高等師範学校の大講堂で、8 月 1 日から 8 日まで毎日 1 人ずつ講演者が交替して 8 日間行われた。主催は大日本学術協会で、責任者は同協会主幹の尼子止(とどむ)であった。講演会には 8 名の教育者が登壇し、それぞれ個性的な教育論を唱えた。講演者と教育論は、**及川平治**の「**動的教育論**」、**稲毛詛風(そふう)**の「**創造教育論**」、**樋口長市**の「**自学教育論**」、**手塚岸衛**の「**自由教育論**」、**片上伸(のぶる)**の「**文芸教育論**」、**千葉命吉**の「**一切衝動皆満足論**」、**河野清丸**の「**自動教育論**」、**小原国芳**の「**全人教育論**」である。

講演会が多くの聴衆を集め盛況を呈した理由としては、8 名の講演者が魅力的であっただけではなく、司会者に著名人（学者や教育関係者）が招かれていたことも影響していた。その顔ぶれは、東京高等師範学校教授の大瀬甚太郎、東京帝国大学教授の吉田熊次、同じく東京帝国大学教授の春山作樹、慶應義塾大学教授の小林澄兄、東京帝国大学助教授の入沢宗寿、同

写真 10－5 八大教育主張講演会の様子

じく東京帝国大学助教授の阿部重孝、東京府視学の松原一彦、そして尼子止の8 人である。彼らが分担して講演と質疑応答の司会を務め、講演会をますます盛大にして権威あるものにした。論者 8 名の講演内容を筆記した『八大教育主張』は、従来の教育に飽き足らない教師たちを引きつけ、2 年間で 10 版を重ねた。その後、出版された『八大教育批判』では、論者 8 名に対して多くの教育実践家や理論家から批判的な論稿が寄せられている。8 名の教育者のなかには、単なる「教育論」に終わらず、自らの思想を具現化する新しい実践を試行した者も少なくなかった。特に、及川平治の分団式動的教育法による能力別グループ編成や、手塚岸衛の自由教育を標榜した児童中心の学校経営は多くの教師に注目された。

3）綴方教育と芸術教育運動

　大正新教育運動が教科内容の改革に結びついた事例としては、国語科の「綴方」において顕著な功績を認めることができる。綴方の分野には国定教科書がなく、教師の指導内容・方法に一定程度の自由があり、教育実践に工夫を加えることが可能であった。大正初期に、東京高等師範学校附属小学校訓導の**芦田恵之助**（1873-1951）は、作文指導において「**随意選題（ずいいせんだい）**」（児童が題材を自由に選ぶ）という革新的な方法を提唱し、教師が課題を与えて子どもに文章を綴らせるという、それまでの一般的な指導を改めた。芦田の思想と実践は、学校での綴方教育を子どもの実生活と結合させる役割を果たすとともに、その後の昭和初期に活発化する「**生活綴方運動**」の重要な源流となった。生活綴方とは、生活経験のなかで遭遇したさまざまな出来事を、見たまま・感じたままに表現させるリアリズムの精神（ありのまま）にもとづき、子どもたちにひとまとまりの文や詩を綴らせ、出来上がった作品を学級のなかで集団的に批評し合せる教育実践のことである（船橋 2013、p.314）。生活綴方運動を担った教師たちは、高知の**小砂丘忠義（ささおかただよし）**（1897-1937）、鳥取の**峰地光重（みねじみつしげ）**（1890-1968）らに代表されるように、都市部の私立小学校や附小の新教育（大正自由教育）の担い手とは異なる教員層に属する者たちであった。綴方教師たちのほとんどが農村の青年教師であり、1930 年代を通じて当時の民衆の厳しい生活現実と向きあいながら、その教育方法と思想を鍛えていった。

　大正期は学校の教師たちに限らず、広い層の人々が子どもと教育に関心を寄

せた時代であり、文学や美術、音楽などの領域では**芸術教育運動**が展開された。子どもの内面に潜む生命力に深い洞察を寄せた文芸家や芸術家たちもまた、新教育運動の重要な担い手となった。1918（大正 7）年 7 月、作家の**鈴木三重吉**（1882-1936）は童話と童謡を創作する最初の文学運動の実現をめざして、子どものための文芸雑誌『**赤い鳥**』を創刊した。その発行数は 1 万部を超えたとされる。同誌には児童向けの物語や童謡を掲載するとともに児童の作文や詩も募集して掲載した。刊行の目的は従来の児童雑誌の通俗性を打破し、芸術性に満ちた格調高い読み物を子どもたちに与えることにあった。三重吉は子どもの純真な感情を保全開発するために第一級の作家・詩人・作曲家の協力を求めた。泉鏡花、高浜虚子、北原白秋、芥川龍之介、山田耕筰らが賛意を示して作品を寄せた。

写真 10-6 鈴木三重吉

写真 10-7 　『赤い鳥』

　翌年 4 月には、画家の**山本鼎（かなえ）**（1882-1946）が長野県で児童自由画展覧会を開催し、**自由画**（児童が描きたいものを描きたいように描く絵画教育）を唱えた。この展覧会には 600 人を超える人が訪れ、その反響は大きかったとされる。山本は伝統的な図画教育が教科書の絵（臨画）を模写する指導であったことを批判し、子どもの創造的能力に対する信頼をもとに自由に描かせ、子ども自身の手で作品を生み出させようとした。自由画は多数の教育者や芸術家たちの関心を集め、さらに現場の教師たちに受け入れられながら自由画教育運動へと発展していった。この運動においては、自由画教育の影響を受けて行われたすばらしい実践もあれば、その影響は受けたものの、ただ「自由放任」、無指導の形で終わってしまった実践もあった。

　新教育はなぜ衰退していったのか？

1）行政当局の統制

　新教育運動の隆盛によって、新しい実践の試みは都市部の私立小学校や附小に限らず、地域の公立小学校においても展開されるようになった。しかし、現場の教師たちによる自主的な取り組みは、文部省や地方行政当局の警戒するところとなった。例えば、守屋源次郎茨城県知事の自由教育研究会差止め事件を挙げることができる。1921（大正 10）年 12 月、茨城県結城郡の石下(いしげ)尋常高等小学校では、千葉県師範学校附属小学校の手塚岸衛らを講師に招き自由教育研究会を開催しようとしたが、自由教育に否定的な立場であった守屋知事によって同研究会の開催が中止させられた。自由教育をめぐる圧力はこれに止まらなかった。翌年 3 月には水戸市教育会が手塚らを招き「自由教育についての講演会」を開催しようとした。しかし、県当局は水戸市内の小学校長を集めて講演会への教員の出席禁止を指示するとともに、各郡へも聴講を差し控えさせる旨を通達した。手塚らの説く自由教育の「急進性」と「放縦性」を危険視し、こうした措置をとったのである（志村 2002、p.119）。

　新教育に対する抑圧が次第に強化されるようになるのは、1924（大正 13）年 8 月の地方長官会議において文部大臣の**岡田良平**（1864-1934）が、「教育の新主義」を鼓吹する風潮を戒める訓示を発してからのことである。この訓示が発せられた翌月には、国家権力による新教育への統制を象徴する**川井訓導事件**が起きる。一般的に教育史上では、国定教科書を授業中に使用しないために教師が行政処分された最初の事件として有名である。1924（大正 13）年 9 月 5 日、長野県松本女子師範学校附属小学校では、訓導の川井清一郎が国定教科書を使用せず、森鴎外の小説『護持院ヶ原の敵討』を副教材にして、4 年生の修身授業を行った。この授業を参観した文部省視学委員の樋口長市（1871-1945）や県教育行政担当者が国定教科書を使用していないことを問題視し、授業後の講評のなかで厳しく叱責した。この事態を受け、事件の翌日には長野県知事が同校を視察に訪れ、川井訓導に始末書を提出させるよう校長に求めた。校長は川井に始末書を提出させるとともに、今後は学校が定めた教授細目（学習指導計画）に従った授業を実施する旨の覚書を書かせた。その後結局、川井は県から行政処分による休職を命ぜられ退職に追いやられた。

　川井訓導事件のあった同年 10 月、文部省は奈良女子高等師範学校附属小学校の学習形態が児童の興味・関心を重視するあまり、教科書や法令を逸脱しているとの批判を行った。これに対して、木下竹次はあえて異論を唱えず、文部省からの許可の範囲内で教育実践を進めていった。1926（大正 15）年には、千葉県師範学校附属小学校でも「自由教育」の推進者であった手塚岸衛が附属小学校から県内の大多喜中学校への転任を余儀なくされた。この人事異動は、附小の「自由教育」支持者の勢力を後退させることが目的であった。新教育の発信地であった附小の影響力を考えれば、その理論や実践を強力に取り締まることによって、公立小学校への影響を最小限に食い止めようとした。

2）新教育への批判

　大正新教育は、第一次世界大戦後に形成された新中間層の教育として広まり、東京周辺・地方都市を中心とする私立小学校や附小で取り組まれた。そこに通う児童の多くが新中間層の子弟であった。例えば、成城小学校の近隣にあった公立小学校に着任した教師は、「（成城）学園の子供たちは赤いネクタイをちらつかせ、馬や自動車で林道に埃をあげた。村の子供たちはいつも裸で赤んぼをしよい（背負い）、道のかたはらにそれをよけた」と当時のことを回想している。ここからは、私立小学校に通う新中間層の子どもと、村の子どもの間に経済的・文化的な差があったことがうかがえる。私立小学校や附小での新教育は、特定の階層のための教育にとどまってしまい、大多数の貧しい人々の目から見れば、厳しい生活現実からあまりにもかけ離れたものであった。幅広く国民全体を巻き込んでの教育運動になりえなかったことが、新教育の展開にさまざまな制約と限界を与えた。

　新教育の実践は都市部地域のみならず、農村部を含めて多様に展開された。例えば、埼玉県秩父郡の野上小学校・樋口小学校の教師たちは、欧米の教育思想家や哲学者の著作を読み、木下竹次の学習論、手塚岸衛の自由教育論、成城小学校のドルトン・プランを学び、時には研究会に参加し自らの学習論の構築に努力を重ねている。実際に樋口小学校では、1925（大正 14）年からドルトン・プランを導入し、個人別の学習計画を立て、教科担任の教室での学習を基本とする教育実践に取り組んでいる。しかし、村民からは「高等科になっても領収書も書けない」と、ドルトン・プランを「役に立たない」と批判する声があがっている（森川 1997、p.96）。山口県大殿小学校でもドルトン・プランが導入

されており、児童の自学や自習を中心とした授業実践が展開された。一般の公立小学校が新教育の教育方法を導入しようとするとき、実践上の問題に直面することになった。それは、新教育の実践が不徹底な形式的模倣の結果に終わるという問題である。大殿小学校では、児童が「単に辞書参考書等を模写」することや、「理解していないことまでも丸写しにする」という状況であった。また、児童の「能力に適した参考資料を充分に提供」することが困難であった。このように形式的な理論の受容では、自発的活動に乏しい「劣等児」などに対応することが難しく、学習が上滑りになる可能性や児童間の能力差の拡大を招く危険性があった。

3）郷土教育への転換

　1929（昭和 4）年から始まった世界恐慌は、教育界にも深刻な影響を与え、教員の俸給不払いや欠食児童の増加といった事態を招いた。当時の状況を愛知第一師範学校附小の真野常雄（1895-1971）は、「一切が行きづまった、政治も経済も道徳も宗教もまた芸術も。そしてわれわれの教育も」と述べている。これまで、「児童中心」や「個性尊重」を標榜してきた新教育運動であったが、行き詰まりを見せた教育界の状況を打開できないままでいた。こうした状況にあって教育界では「教育の実際化、地方化」を目指すべく、労作教育、公民教育、生活綴方教育、**郷土教育**に期待を寄せていった。**郷土教育運動**は、政府による「自力更生運動」を背景に、郷土愛や祖国愛の形成をめざすものとして上からの動きとして展開したが、その一方で、「郷土教育連盟」（1930 年発足）などの民間団体による、子どもが生活する地域社会のなかから教材を求め、学習内容を自らの生活体験のなかに置き換えて、学習の経験化を図ろうとする下からの動きも見られた。郷土教育連盟は文部省の影響をうけながらも基本的に民間側の団体として出発し、大正新教育運動を担った研究者・実践家も合流していた。1920 年代末から 30 年代にかけて多くの教員たちは、新教育運動の系譜を引く郷土教育運動へと転換を図っていった。

【参考図書】

中野光　1968　大正自由教育の研究　黎明書房

中野光　2008　学校改革の史的原像　黎明書房

田中智志・橋本美保　2015　大正新教育の思想　東信堂

【引用・参考文献】

森川輝紀　1997　大正自由教育と経済恐慌　三元社

広田照幸　1999　日本人のしつけは衰退したか　講談社現代新書

志村廣明　2002　大正デモクラシーと新教育の諸相　日本の教育の歴史と思想　ミネルヴァ書房

橋本美保　2012　教育学の受容と新教育　教育史入門　放送大学教育振興会

船橋一男　2013　生活綴方の教師たち―公教育のオルタナティブの開拓―　講座　東アジアの知識人　有志舎

鈴木和正　2017　近代教育制度と大正新教育運動　教育研究実践報告

【図表・出典】

表 10 - 1　小針誠　2009　お受験の社会史　世織書房

表 10 - 2　筆者作成

写真 10 - 1　近代日本人の肖像（国立国会図書館）

写真 10 - 2　及川平治著・中野光編　1972　分団式動的教育法　明治図書出版

写真 10 - 3　手塚岸衛　1922　自由教育真義　東京宝文館

写真 10 - 4　木下竹次著・中野光編　1972　学習原論　明治図書出版

写真 10 - 5　橋本美保　2016　文献資料集成大正新教育　第 1 期 1（八大教育主張）　日本図書センター

写真 10 - 6　広島市立中央図書館　広島文学資料室

写真 10 - 7　鈴木三重吉編　1979　赤い鳥（復刻版）　日本近代文学館

□コラム　「大正デモクラシー」って何だろう？

　教育史の講義で「大正期の教育」をテーマとして扱う際に、「大正時代に
はどのような出来事がありましたか」と問うようにしている。多くの受講
生の反応は「………」である。「では、印象に残っている用語はあります
か」と再び質問すると、必ず返ってくるのが「大正デモクラシー」という
語である。歴史にあまり興味がない人でも一度は聞いたことがあるのでは
ないだろうか。ところで、本章ではあえて「大正デモクラシー」という語
を使用しなかったことにお気づきだろうか。なぜなら、今日の歴史学や教
育史学の間では、これまで一般に「大正デモクラシー」と呼び慣わされて
きた概念に再考が図られつつあるからである。そもそも「大正デモクラシ
ー」という用語は誰が最初に言い出したのだろうか。意外と思われるかも
しれないが、この語は誰が言い出したかは不明である。おそらく、信夫清
三郎（しのぶせいざぶろう）（1909-1992）の著作『大正政治史』（1951）
や『大正デモクラシー史』（1954）あたりが初出ではないかと言われてい
る。
　その後、1960 年代後半から 70 年代前半にかけて「大正デモクラシー」
研究が隆盛を迎える。なかでも、「大正デモクラシー」史研究の推進に最
も重要な役割を果たしたのが、松尾尊兊（たかよし）（1929-2014）であっ
た。松尾は戦後民主主義や平和主義への関心から、その歴史的起源をさぐ
る研究を進め、「大正デモクラシー」を戦後民主主義に直結する民主的運
動として描き出した。しかし、松尾が示した「大正デモクラシー」像に対
しては、批判的な捉え方がなされるようになっている。九州大学名誉教授
の有馬学（1945-）は、「結局「大正デモクラシー」と言われるものは、第
二次世界大戦後に戦後的な価値から評価できる伝統が日本にほんとうに
何もなかったのか、と一所懸命に探して見つけられたものを名付けたにす
ぎません」と述べている。すなわち、我々の知る「大正デモクラシー」と
いう用語や枠組みは、戦後に誕生した一概念に過ぎないのである。では、
「大正デモクラシー」という枠組みの中で捉えられてきた「新教育」も、
そろそろ再考されるべき時期を迎えているのではないだろうか。

11章 戦時下の学校と教育 （含・植民地の教育）

1節 戦前・戦中における教育の思想統制

1）治安維持法と教育

　昭和戦前・戦中期は、教育が国民の思想統制のために重要な媒体となっていた。戦時体制の形成からの影響を受け、国体観念にもとづく思想統制、社会主義・自由主義の思想に対する弾圧がいちだんと厳しくなっていったのである。思想統制・弾圧と並行して、「教育ニ関スル勅語」を中心にした天皇の勅語類、文部省大臣の訓令などが下賜されるたびに、「国体」の教育理念は強調され、自明のものとなった。また、それらの教説は内容的に曖昧で絶えず補強と再解釈を必要としていたがゆえに、むしろ思想統制は様々な拡大解釈ができ、危険思想とレッテルを貼られた多くの国民を逮捕・起訴することが容易であった。

　1924（大正13）年に誕生した加藤高明内閣は、翌年、いわゆる普通選挙法を成立させた。この成立によって有権者は4倍に増えたのだが、労働者階級の政治的影響力の増大と日ソ国交樹立（1925年）による共産主義思想の波及を懸念した加藤内閣は、同年に普通選挙法と抱き合わせで治安維持法を成立させた。それは、「国体ヲ変革シ又ハ私有財産制度ヲ否認スルコトヲ目的トシテ結社ヲ組織シ」た組織者と参加者を「十年以下ノ懲役又ハ禁錮ニ処ス」るものだった。

　治安維持法適用第1号は、京都帝国大学学生を中心とするいわゆる京都学連事件で、京大生等37名が検挙された（1925年12月）。この事件は、メディアによって「不祥事」や「不敬事件」として大々的に報じられた。その政治的意図は「思想善導」であり、高等教育機関における社会科学研究の解体と、「左傾」思想学生抑止に寄与することになった。大正期の「思想善導」は、天皇制国家である大日本帝国を脅かす思想の排除を、教育政策の基本姿勢としていた。

　昭和に入ると、さらに大規模な取締が行われていくようになる。1928（昭和3）年2月に実施された普通選挙法成立後初の総選挙では、無産政党勢力が8名の当選者を出した。このとき、これまで非合法活動を余儀なくされていた日

本共産党は、天皇制の廃止、民主的議会の創設、植民地の完全なる独立など、党の政策を掲げた文書を街頭に貼付し、公然と活動を開始した。衝撃を受けた田中義一内閣は、同年 3 月 15 日に全国的な一斉検挙を行い、容疑者総数 1,568 人、うち送検 700 人、非起訴 530 人に達した。これによって、日本労働組合評議会などの関係団体は、解散させられたのである（三・一五事件）。検挙された者のなかには、東京帝国大学、東京女子師範学校等 32 校の 148 名の学生たちが含まれていた。政府は、この事件の直後に治安維持法を改正し、「国体」の変革を目的とする組織者、指導者には、死刑・無期の導入によっていっそう厳しい処分を行うことが可能になり、協力者も処罰できるようになった。また、警視庁だけではなく、道府県の警察にも特別高等課（特高）を設置した。

2）赤化教員の増大と「二・四事件」

　また、この頃の日本は世界恐慌による貧窮が直撃した時期であり、失業者は増え、物価が下落した。教員に対する経済的な重圧や政治的矛盾は、良心的教師に対しても階級的自覚を、また闘争のための組織と団結の必要を覚醒させていった。そして、1931（昭和 6）年ごろから、マルキシズムを抱えて天皇制国家の支配的イデオロギーに反発する「赤化教員」が、全国的に増大したと新聞などで取りざたされるようになる。それらの教員には治安維持法が適用され、多くの者が検挙された。なかでも、長野県の教員に対する弾圧は規模も大きく、かつ最も厳しかった。長野県は、大正期あたりから白樺派などの影響により、自由主義的な教育活動が盛んだった地域であった。しかしながら、昭和期に入ったころから深刻な農村不況に悩まされ、そのような現実から社会改革を前提としなければ教育改革はできないとして、「左翼」的な新興教育運動が広がっていった。小学校教員がマルキシズムの強い影響下におかれ、1933（昭和 8）年 2 月 4 日には、そのような「赤化教員」たちの大検挙が行われた。長野県教員赤化事件、いわゆる「二・四事件」である。逮捕された教員数は 138 人、起訴された者 29 人全員に有罪判決が下された。これを機に、長野県の教育はいっそう国体明徴・軍国主義的教育へと傾斜していったのである。そして、この「二・四事件」は他府県の教育界にも激震を与え、全国的な教育のファッショ化の潮流とともに、教育の思想統制は完遂へと急加速していった。マルキシズムばかりでなく、自由主義的な教育も排撃の対象となり、欧米の教育観は衰退して「日本精神」の思想が教育界を支配していくようになる。

3）国民精神文化研究所の設置と教員の再教育

　文部省は、「思想善導の趣旨徹底方」訓令第 5 号（1928 年 4 月）を、全国の高等機関に対して発した。この訓令の基本方針は、「国体」と相容れない偏奇な（共産主義や自由主義など）を根絶することだった。同年 9 月には、文部省に学生課が設置され、学生指導に関する基礎研究と情報の普及を担当した。これによって、教員の思想、国民全般の思想動向に対しても積極的に介入することができた。学生課は、学生部（1929 年）、思想局（1934 年）、そして教学局（1937 年）へと昇格発展していったのである。この間、文部省は学生思想問題調査委員会を発足させた（1931 年 7 月）。河合栄次郎、紀平正美、吉田熊次、蠟山正道、治安関係検事、陸軍省軍務局長など 39 名の委員から構成され、文部大臣が会長となった。その委員会の答申により、思想問題の研究機関として「国民精神文化研究所」（1932 年）が設置されたのである（久保義三〔2001 年：451 頁〕）。

　「国民精神文化研究所」は、文部省直轄の研究所・研修機関であり、国民精神、国民文化に関する研究・普及ならびに中等学校教員の思想再教育が目的とされていた。それは研究部と事業部からなり、事業部には教員研究科と研究生指導科とが置かれた。教員研究科では、師範学校のほか中学校や高等女学校など、全国（朝鮮、台湾などの植民地を含む）から集まった中等学校の教員に対して 6 ヶ月間の再教育を行っていた。修了者数は延べ 1300 人を超え、志向会という同窓組織に加わりながら、地方における国民精神、国民文化の普及の役割を担っていった。具体的には、修了者が講師や世話人として師範学校を中心に国民精神文化講習会・講座を開催し、地方教員の再教育を行っていた。研究生指導科では、思想上の理由で学籍を失った元「左翼」学生・生徒たちへの思想矯正教育が、1 年内外の寮生活と個人指導を通じて行われた。「転向」した成業者は 74 名で、「左翼」学生運動は鎮圧され、1938（昭和 13）年には活動を停止している。

　戦局の悪化とともに、「国民精神文化研究所」は研究機関というよりも行的訓練機関としての性格が重視されていく。1943（昭和 18）年 11 月に、前年 1 月に設置された国民錬成所と統合されて教学錬成所に改組した。そして、敗戦後に廃止された（前田 2001、pp.423-424）。

2 節　戦時下の教育における「国体」

1）「国体」という用語

　「国体」は、戦時下においてスローガンのように使われ、国民の思想を支配する性格をもっていた用語である。「**教育ニ関スル勅語**」では「国体」を「**教育ノ淵源**」と定め、「**国体明徴声明**」、『**国体の本義**』、戦後の「**国体護持**」など、国策を推し進めるうえで頻繁に使われた。『日本国語大辞典』（小学館、1974 年）によると、「国体」は、「①国家の状態。くにがら。②国家の体面。国家の体裁。③国家を統治権の存在状態によって区分した形態やその特質。君主制、共和制、立憲君主制など。④特にわが国では天皇統治の観念を中核とした国のあり方をいう。」と定義されている。「国体」の意味は、国家の形態によってその意味の解釈が異なるようだ。また、「国体思想」は、「天皇統治観念を絶対とする政治思想の総称。特に江戸時代以降神道、儒教および国学の影響で形成され、さらに教育勅語の発布で大正期から昭和前期ごろまでには国民の意識を支配し、新憲法の公布までもちいられた。」と解説されている（下線筆者）。

　江戸時代には、天皇制国家のイデオロギーになるような思想をもった学者たちがいた。「国体」という用語を多く用いたのは、なかでも水戸学者たちだった（徳川光圀：水戸黄門による『大日本史』編纂事業からはじまった学風）。水戸学は、朱子学や徂徠学など儒教各派の系譜を引く学者によって構成されており、また国学との学問上の交流もあり、そのうえ神道の影響も認められるものである。水戸学は、徳川家意向の儒学を採用した敬幕の立場を保持しながらも、尊王思想を根幹に据えていたので、天皇制国家のイデオロギーとも合致したのである。水戸学者のなかでも著名な会沢正志斎が著した『新論』は、最初の章のタイトルが「国体」で始まるし、会沢とは思想的に一線を画した、これまた著名な学者の藤田東湖も「国体の尊厳」を説いた。特に、会沢の『新論』は、尊皇攘夷思想の代表的な著作であり、幕末の志士たちに多大な影響を与えた。ただ、会沢や藤田のみならず、「国体」に対する考え方が水戸学者のなかでも多種多様だったため、「国体」論そのものを明確に定義することが出来なかったのである。「国体」の用語の意味は、会沢自身の『新論』においても、それ以後の「国体」論者においても不明確なまま使われていった。にもかかわらず、特に昭和のファシズム期には、軍国主義と強く結びついて展開された。それは、「国体」

という意味の不明確さこそが、いかようにも解釈できる自由度を含んでいたからである。

2）「国体明徴運動」と天皇機関説事件

すでに大正期から問題とされていた貴族院議員美濃部達吉主唱による「天皇機関説」が、1935（昭和10）年、「国体」に反する問題として再燃した。憲法学者である美濃部は、明治憲法の解釈として「統治権は天皇に最高の源を発する」という形で天皇主権の原則を認めたが、その統治権は最終的に法人である国家に属するとし、天皇はその法人である国家の最高機関である、とした。それに対して1934（昭和9）年から翌年にかけて、貴族院・衆議院で美濃部を激しく攻撃する質疑が繰り返しなされ、美濃部は貴族院議員の議場で「一身上の弁明」として天皇機関説を解説する釈明演説を行った。しかしながら、軍部を台頭に、在郷軍人会、右翼団体などを中心として起こっていた国体明徴運動の主導者たちは、美濃部の釈明など気にもせず、機関説排撃運動を全国的に展開した。岡田啓介内閣は、屈服して1935（昭和10）年8月3日、「国体明徴に関する政府声明」（第1次国体明徴声明）を出し、天皇機関説を否認した。並行して、政党政治や政党内閣制は、民本主義（民主主義）と並ぶ理論的支柱を失ったのである。だが、事態は学説上の論争や美濃部個人への排撃の範囲を大きく越え、穏健な岡田内閣にあきたらない勢力による倒閣運動、さらには現状打破をめざす「革新」勢力による軍部・元老・重臣・政党など、「現状維持」勢力打破の運動に発展した。1935（昭和10）年10月、岡田内閣は、再び同声明（第2次国体明徴声明）を出し、天皇機関説を、第1次の「国体の本義に反する」から「芟除(せんじょ)」するとしたことで、ようやく問題は落着した。この事件は学術論争から離れたところで政争の道具となり、軍部の政治支配の一つの転機とされる。

3）教学刷新評議会と『国体の本義』

昭和初期までの社会主義・自由主義思想およびその運動に対し、思想統制・治安維持に加えて、教育・学問における日本精神・国体明徴思想にもとづく粛正と指導理念の確立徹底を進めたのが「教学刷新」である。天皇機関説事件が起こり、軍部と右翼の国粋主義・ファッショ思想の興隆を背景にした岡田内閣

の第 2 次国体明徴声明の具体化の第一歩として、従来の文政審議会を廃止し、**教学刷新評議会**が 1935（昭和 10）年に設置された。文部大臣を会長に、60 名余りの委員と幹事からなるが、学者には日本精神論で知られた論者が目立ち、陸軍省、海軍省からは次官が参加した。「国体観念、日本精神ヲ根本トシテ学問、教育刷新」を図ることが強調され、学問研究や大学教育の分野を筆頭とし、学校教育、社会教育、教員人事制度などの分野にまでわたる刷新をもとめた。こうした方針は、同評議会の答申に基づき教学局が設置されたほか、**『国体の本義』**（1937 年）、**『臣民の道』**（1941 年）などの編纂頒布の施策として実施された。そのため、海外の教育学説・思潮の研究や批判的科学的研究は退潮していき、日本精神を基調とした教育の論説、日本教育学の提唱などの傾向が著しく強調されたのである。

　このような時代的背景と国体明徴の要求に応えて、『国体の本義』の編纂は行われたのである。『国体の本義』は、「学校ヲ以テ国体ニ基ク修錬ノ施設タラシメン」とし、全教育機関に配布された。それは、記・紀神話にもとづいて、天皇統治の神聖性・正統性および永遠性を示し、家族国家観による国民の天皇への無定量の忠誠が教育の淵源である、という思想によって民主主義・社会主義・共産主義を排撃することを目的としていた。

　『国体の本義』
　第一　大日本国体
　一、肇国
　　大日本帝国は、万世一系の天皇皇祖の神勅を奉じて永遠にこれを統治し給ふ。これ、我が万古不易の国体である。而してこの大義に基づき、一大家族国家として億兆一心聖旨を奉体して、克く忠孝の美徳を発揮する。これ、我が国体の精華とするところである。この国体は、我が国永遠不変の大本であり、国史を貫いて炳として輝いている。而してそれは、国家の発展と共に弥々鞏く、天壌と共に窮るところがない。

　これは、国体史観の原型となったものである。そして、これが天皇制国家における国民支配の思想原理であり、また太平洋戦争に日本国民を駆り立て、かつ神州不滅を盲信させた思想であり、敗戦時も支配層に「国体護持」を固執させた行動の淵源となったものである。

3 節　学校における「皇民化」教育と軍事教育

1) 国民学校の理念と実践

　教育の国家主義的な傾向は、昭和 10 年代に入ると急速に強まっていく。1937（昭和 12）年の日華事変以後、文教政策に戦時下の様相が見られるようになる。1941（昭和 16）年 12 月からの太平洋戦争期は非常時教育の気運が高まり、1943（昭和 18）年からは決戦体制下の教育となった。戦局の悪化、度重なる空襲を受けて、学校教育は機能不全に陥った。1945（昭和 20）年に「戦時教育令」が公布され、学校における教育活動のほとんどを停止する措置を取らざるを得なかった。

　そんななか、1941（昭和 16）年に「**国民学校令**」が公布された。**国民学校**は、戦時下体制に即応して設けられた「**皇国民錬成**」機関である。それまでの尋常小学校を国民学校初等科、高等小学校を国民学校高等科と改組した。国民学校制度は、1937（昭和 12）年 12 月に設置された内閣直属の教育政策審議機関である**教育審議会**によって成立した。教育審議会は、1935（昭和 10）年に設置された教学刷新評議会（文部大臣の諮問機関）の自由主義的教育の排撃、天皇への従順、学校を修錬の場、八紘一宇、滅私奉公といった「皇国民錬成」概念を制度化した。また、「国民学校令」公布以前から、教育審議会の答申を汲んで、国民学校の教育理念を先取りした実践を展開した学校もあった。

　錬成とは、錬磨育成という意味であり、生活修錬とも言われている。学校内の教育だけではなく、学校外の施設の教育作用も含め広い範囲にわたっている。指導の方針としては、心身の鍛錬を重視し、行的訓練とも称して行事・諸訓練・作業等を行った。「訓育」という用語が盛んに使用され、「訓育即行」をキャッチコピーにした国民訓育連盟によって、「訓育優良学校」と称賛された小学校が全国的に存在した。学校教育全体を通して、錬成は、目的的には国体観念を明らかにすることであり、方法的には勤労作業・団体訓練・愛国的行事（教育勅語奉読、御真影や奉安殿への最敬礼、宮城遥拝など）を行うことであった。

　教育審議会は、教育制度よりも教育内容・方法の改革を重視し、初等科では国民科・理数科・体練科・芸能科、高等科では初等科の教科に実業科を加えた。これらの教科をさらに細分して、国民科に修身、国語、地理、歴史が科目として設けられた。これらが、皇国民を錬成するうえで特に重要な科目と位置付け

られていた。国民学校の教科書、初等科修身の 1 の 3「日本の子ども」には、以下のように書かれている。

　　　世界に、国はたくさんありますが、神様の御ちすぢをおうけになった天皇陛下が、おをさめになり、かぎりなくさかえて行く国は、日本のほかにはありません。いま日本は、遠い昔、神様が国をおはじめになった時の大きなみ心にしたがって、世界の人々を正しくみちびこうとしています。（中略）

　　　正しいことのおこなはれるやうにするのが、日本人のつとめであります。私たちは、神様のみをしへにしたがって、世界の人人がしあはせになるやうに、しなければなりません。（中略）

　　　私たちは、日本のやうにすぐれた国に生まれたことをよくわきまへて、心をりっぱにみがかなければなりません。さうして、からだをぢゃうぶにし、強いたくましい日本国民になって、お国のためにはたらくことができるやうに、しっかりべんきゃうすることがたいせつです。

　これが、国家が求めた日本の子どものあるべき姿だったのである。

　そして、いよいよ戦局が悪化すると学校教育は崩壊の道をたどる。1943（昭和 18）年秋ごろから、山村部では学童はカシの実・ドングリひろいを強いられた。米のかわりにジャガイモ、サツマイモ、満州産の大豆、豆かすなどが配給された。特に都市部の食糧不足はひどく、市民は農村に買い出しに行った。空き地と見れば耕された。道路、校庭にもイモやカボチャが植えられ、東京上野の不忍池は水田になった。松の根から燃料が取れるというので、1944（昭和 19）年からガソリンを補うために、松根油開発がはじまった。全国で松の根が掘られ、小学生も動員された。本土決戦を回避できない状況まで追い込まれると、女子生徒は救護訓練、男子生徒は銃剣術など、配属将校の指導による軍事訓練が学校で展開された。

2) 植民地における同化教育

　36 年におよぶ朝鮮に対する日本の植民地教育の歴史は、朝鮮人青少年の「日本臣民」化をだんだんと深める過程であった。教育政策の根本は、「朝鮮教育令」として定められ、その改正のたびに、日本化の度合いが強められていった。こ

れを「皇民化政策」と言う。

日中戦争以降、朝鮮人全体を臣民化する教育が一段と強力に進められた。朝鮮総督府は、「国体明徴」「内鮮一体」「忍苦鍛錬」を朝鮮教育の三大綱領として提起し、1937（昭和 12）年 10 月に「皇国臣民の誓詞」を制定する。朝鮮の子どもたちは、学校の朝礼などで「一　私共ハ大日本帝国ノ臣民デアリマス」「二　私共ハ心ヲ合セテ天皇陛下ニ忠義ヲ尽シマス」「三　私共ハ忍苦鍛錬シテ立派ナ強イ国民トナリマス」を暗唱させられた。神社参拝、宮城遥拝なども行われた。

1938（昭和 13）年、第 3 次朝鮮教育令が制定され、新たに「忠良ナル皇国臣民ヲ育成スル」ことを教育の目的として掲げた。また、それまで正課の科目だった朝鮮語を随意科目とし、実質的に廃止した。代わって「国語常用」といって日常語に日本語を強制したのである。「日本語読本」を読まされ、うっかり朝鮮語を話すと罰を受けた。学校教育はいっさい日本語で運営・教授され、教科書が再編集されただけでなく、地域の父母の「日本臣民」化も積極的に推進されていた。1939（昭和 14）年に「創氏改名」が実施され、新たに「氏」を創設させ、「名」を改めることを許可した（もしくは強制的に変えさせた）。さらに、朝鮮服の廃止、国民服を採用し、生活全体が「日本」化されたのである。1941（昭和 16）年には、「国民学校令」が施行され、教育課程において朝鮮語を名実ともに廃止し、教科書の発行も停止した。さらに、戦争の拡大は、「日本臣民」化させた朝鮮人青少年を徴兵と徴用の方向へ組織していった。学生・生徒の労働力および軍事的能力の培養と利用が、教育の全面に押し出されたのである。

台湾でも、「皇民化政策」が実施され、日本語の使用、風俗観衆の日本化を強制した。1922（大正 11）に制定された第二次台湾教育令により日本語学習の圧力がさらに高められ、漢文科は随意科目となった。1930（昭和 5）年に誕生した国語講習所や簡易国語講習所が 1937（昭和 12）年に増設され、公学校（現地日本人が通う小学校と区別して「公学校」という名称を用いた）に通えない台湾人にも日本語を学ばせる体制を整えた。随意科目だった漢文科も廃止された。公学校には、楠木正成と二宮金次郎の銅像が建てられ、天皇に忠義、親に孝行、勤勉であれという精神が教育された。国歌（君が代）斉唱、国旗（日の丸）掲揚が義務付けられ、日本の祝祭日には必ず国旗を掲げて神社参拝や宮城遥拝が強要された。

1941（昭和 16）年 4 月 1 日には、公学校も国民学校と改められた。同月 19 日、皇民奉公会がつくられ、その下に大日本婦人会、台湾青少年団、台湾産業奉公会などがあり、末端組織には奉公班というものがあった。それは、台湾総

督府のもと、台湾版の大政翼賛会であり、隣組組織だった。

　太平洋戦争がはじまると、台湾の住民にも軍事訓練を実施するようになる。天皇のため、日本国のために命をすてることをたたきこんだ。素朴な住民はそれを信じて訓練にはげんだ。なかには、幼い少年たちもいた。台湾全土から優秀な少年を選抜して、台北の勤行報国青年隊訓練所で訓練した。数ヶ月の訓練の後、地域の中心的な青年団幹部として働かせた。

　南樺太、関東州、そして東南アジア諸地域においても、朝鮮や台湾と同じく国語（日本語）が押しつけられ、皇民化の教育が強制されたのである。

3）満蒙開拓青少年義勇軍

　1929（昭和 4）年 10 月にニューヨークのウォール街で始まった株価暴落が世界恐慌に発展し、日本経済も深刻な恐慌状態におちいった（昭和恐慌）。軍部を中心とした支配層は、この解決策を国内構造の改革ではなく、中国大陸侵略政策に見出そうとした。中国大陸の植民地化を進めるため中国東北部に満州国をつくった。日本政府は、その支配地域の安定のために日本国内から農業移民を送り出す政策を推し進めた（中国の抗日軍とソ連に対抗するための武装移民でもある）。

　満州国は、その成立から日本帝国主義の敗北により崩壊するまでに 12 年余りの歴史しかないが、この間に日本から満州国に渡った農業移民の数は、およそ 27 万人に上る。なかでも、男子の青少年（数え年 16〜19 歳）たちを「満蒙開拓青少年義勇軍（以下、義勇軍と略す）」といい、1938（昭和 13）年から 1945（昭和 20）年で合計 8 万 6530 人にもおよんだ。これは国策として採用され、各道府県で公募することになっていた。応募者は、「満蒙開拓青少年義勇軍訓練所（所在地の茨城県内原にちなんで内原訓練所とも呼ばれていたので以下、内原訓練所と略す）」において指揮命令系統の貫徹する隊組織に編成され、2〜3 ヶ月の訓練ののちに満州国に渡った。そして、満州国内に点在する「満州国開拓青年義勇隊訓練所」における 3 年間の訓練を経た上で、おおむね訓練時の組織である中隊を基盤として入植することになっていた。

　内原訓練所は、満州のきびしい風土のなかで、自給自足の生活環境に慣れさせ、徹底した集団行動による軍事訓練と農耕に絶え得る心身の鍛錬を目的としていた。組織はすべて軍隊にならっており、訓練生は一つの班を 20 名で、三つの班が一小隊となり、五つの小隊で一中隊となっていた。班長と小隊長は訓練

生のなかから統率力と責任感のある者が選ばれた。日本国民高等学校協会が茨城県友部支部に設立した日本国民高等学校に隣接して建設され、同校校長の加藤完治が内原訓練所の所長を務めた。加藤は、日本国民高等学校における教育の目的を「自覚せる皇国農民」の育成とし、農業を「天地の化育を賛する聖業」と位置付けて、「農業即道場」とする実習指導や講義を意気揚々に行っていた。義勇軍を発想したのはまさに加藤自身であり、内原訓練所でも同様の精神のもと、訓練生たちは軍事訓練、武道、開墾などの農作業に加えて、食事や時間などを極端に制限された寮生活を送っていたようである。そのために青少年の多くは、ホームシックにかかり、退所する者も少なくなかった。

　満州国における訓練もきびしく、義勇軍を脱走する者が後を絶たなかった。また、仲間同士でリンチなども横行し、生活全体がすさんだ様相を呈していた。このような現状を打開するために「満蒙開拓青少年義勇軍女子指導員」が養成され、いわゆる寮母が敗戦までに176名も満州国へと渡った。また、多くの農業移民を満州国へ定着させるためには、そこでの生活の基盤を確立させることが課題となり、彼らに「花嫁」を迎えさせる「大陸の花嫁」政策がとられた。長野県は、この政策に先立って、当県から現地に渡った開拓団から花嫁招致の要請があり、「花嫁」を継続的に送っていた。「花嫁」の養成は、まず県内の青年学校や実業学校で女子にも「開拓」を念頭にした教育をめざす学校改変が行われた。「大陸の花嫁」が国策となると、「長野県立桔梗ヶ原女子拓殖訓練所」が誕生した。他府県でもさまざまな設置主体のもとに養成機関が設立されたが、当訓練所は、より体系的な「花嫁」の養成訓練を行ったことで知られている。長野県が積極的な「花嫁」養成を行った要因の一つとして、義勇軍へ送り込んだ人数が他府県と比較すると群を抜いて多いことが挙げられる。その理由として、1節で取り上げた「二・四事件」後の処理と時期が重なること、信濃教育会主導で義勇軍を送出したこともあって、「赤化教員事件」の名誉挽回のために全国一の人数が送り込まれたのではないかとも言われている。一方で、信濃教育会は、もともと「海外発展」思想が胎動していて、やがて行政権と深く結びついて「南米ブラジル移民」から「満蒙への送出」へと移行し、国策を先取りして積極的に推し進めていったという見解もある。

　義勇軍への評判は日本国内でも芳しくなかった。参加者は減少し、参加者募集のために、担任の教師が子どもを執拗に勧誘したり、家庭訪問を繰り返して保護者を説得したり、子どもを義勇軍に送ったことを自慢する教師までいた。「満州は日本の生命線だ」「その満州に行ける」「大和民族の発展を考えたら」

などと言って、子どもを義勇軍へと送り込んだ。敗戦後、義勇軍の子どもたちを待ち受けていたのは、想像を絶するほど悲惨な現実だったのである（相庭2001、pp.361-363）。

【引用・参考文献】

文部省　1937　国体の本義　文部省

文部省　1942　初等科修身 1　文部省

久保義三　2006　昭和教育史　東信堂

久保義三、米田俊彦、駒込武、児美川孝一郎編 2001　現代教育史事典　東京書籍

寺崎昌男・戦時下教育研究会編　1987　総力戦体制と教育—皇国民「錬成」の理念と実践　東京大学出版会。

深谷昌志　2007　昭和の子ども生活史　黎明書房

高橋陽一　2013　教育通義　武蔵野美術大学出版局

❏コラム　「昭和維新」と教師―二つのテロリズムの接合―

　1932（昭和7）年2月9日、井上準之助前蔵相はピストルで暗殺され、小沼正が逮捕された。同年3月5日、三井合名会社理事長の団琢磨がやはりピストルで射殺され、菱沼五郎がその場で逮捕された。いわゆる「血盟団事件」である。

　さらに約2か月後の5月15日には、陸・海軍青年将校および茨城県常盤村「愛郷塾」塾生の「農民決死隊」による暗殺事件、いわゆる「五・一五事件」が勃発する。

　本来、これらはワンセットのものだった。その経緯にどのような接合があったのだろうか。

　井上日昭という日蓮宗僧侶が、茨城県大洗町の立正護国堂の住職になったのは、1928（昭和3）年のことである。井上は、日蓮の『立正安国論』に則っとりながらも、彼流の国体論をもっていた。

　古内栄司は、茨城県那珂郡前浜尋常小学校の訓導を務めていた。1929（昭和4）年1月、古内は井上に面会し、その後も毎週のように護国堂を訪れ、井上の愛弟子となった。

　古内は、同僚の照沼操を護国堂へしきりに誘っていた。照沼は、演劇団「天狗連」の演技指導者であって、団員に小沼正、菱沼五郎もいた。古内が照沼に接触したのは、彼を通じて「天狗連」の青年たちとのパイプをつなげ、そしてそれをテコに布教活動を強化することだった。古内はついに青年たちを入信させ、彼らは井上の国体論に心酔した。

　「愛郷塾」塾頭の橘孝三郎は、農業に従事するかたわら、積極的に農村を駆けまわって講演を行っていた。その講演活動中に、古内は橘を呼び止めた。古内には、橘の塾生をいかに自分たちが目指す改造運動に近づけるかという思惑があった。間もなくして、橘と井上が会見することになった。

　これまで多く語られることはなかったが、意外にもそれらの接合にひとりの教師がいた。彼は、博学で話法も巧みだったらしい。師範学校時代の恩師は、彼を「極めて真面目な御性格」と綴っている。真面目な人間がテロリストに変貌する話は有りがちな話だが、その真面目な教師（テロリスト）が学校でどんな教育を行っていたのかと想像すると、教育という営みの怖さを改めて考えさせられる。

12章 戦後の教育改革と 高度経済成長

戦前の教育制度では義務教育は小学校に限定されており、なおかつ、ごく一部の人しか小学校より上の段階の教育を受けることができなかった。そこで本章では、「なぜ『戦後』になって誰でも教育を受けられるようになったのか？」という問いを通して、①戦後の教育改革で何がどう変わったのか、②なぜ高度経済成長期に高校や大学の量的拡大がこれほど進んだのか、を学習する。このことを通して、教育と政治や経済の関係について考えてみてほしい。

1節 戦後教育改革では、何がどう変わったのか？

1）戦後教育改革の開始

1945 年 8 月 14 日、皇居内の防空壕で戦争終結を決める御前会議[1]が開かれ、昭和天皇の「御聖断」により**ポツダム宣言**の受諾が決定、日本は連合国軍に降伏することとなった。翌 15 日には、天皇が読み上げ、レコード盤に録音された「終戦の詔」がラジオ放送され（いわゆる「玉音放送」）、国民は敗戦を知った。

敗戦後、日本は 45 か国からなる連合国軍の占領支配を受け（実際はアメリカ合衆国が占領支配を主導）、政治、経済、教育が抜本的に改革されることとなった。占領政策は連合国軍最高司令官総司令部[2]が中心となって立案し、教育政策については民間情報教育局[3]があたった。GHQ の最高司令官にはアメリカ陸軍の**マッカーサー**が就任した。

戦後教育改革に関する日本側の動きは迅速だった。1945 年 9 月には文部省が「新日本建設ノ教育方針」を発表している。この動きは日本独自の戦後教育改革の動きとして注目すべきものである。しかしこの方針には、「非軍事化」と「民

---

[1] 明治期から太平洋戦争終結時まで国家の緊急な重大事件に際し、天皇の出席のもとに行われた元老、主要閣僚、軍部首脳の合同会議。法制上の規定はない。

[2] General Headquarters；以下「**GHQ**」

[3] Civil Information and Education Section；以下「**CIE**」

主化」という占領政策の目的にも合致する文言がみられるものの、「益々国体ノ護持ニ努ムル」とあり、あくまで国体を護持したまま戦後教育改革を進めようとする日本政府や文部省の姿勢が見られるものであった。

　また同年 9 月 20 日に出された文部省通牒[4]により、各学校では戦意高揚や国際的な親和を妨げる恐れのある教科書の記述を、児童・生徒に切り取らせたり、墨を塗らせるという処置をとった（いわゆる「**墨塗り教科書**」）。

写真 12 - 1　昭和天皇とマッカーサー

写真 12 - 2　　墨塗り教科書

　GHQ による改革は、1945 年 10 月 11 日にマッカーサーと幣原喜重郎首相との会談で命ぜられた「**五大改革指令**」[5]から具体的に動き出し、教育についても 1945 年 10 月〜12 月の間に矢継ぎ早に改革指令が出されている（「**教育の四大指令**」[6]）。

1946 年に入ると、GHQ/CIE は戦後の教育理念と制度的な枠組みについて、具体的で積極的な提言を行うようになる。それは 1946 年 3 月にマッカーサーの要請でアメリカ本国から招かれた、27 名の教育の専門家がまとめた「**第一次　アメリカ教育使節団報告書**」に端的に表れている。

　この報告書は、戦前の教育制度が中央集権的で、官僚独善的教育行政であっ

---

[4]　「終戦ニ伴フ教科用図書取扱方ニ関スル件」
[5]　「五大改革指令」とは、「1．婦人の解放　2．労働組合の結成奨励　3．教育の自由化　4．秘密警察の廃止　5．経済の民主化」のことである。
[6]例えば 10 月 30 日の「教員及教育関係官の調査、除外、許可に関する件」では、軍国主義的で、極端な国家主義思想を持つ者の教職からの排除（いわゆる「**教職追放**」）が命じられた。

たと批判し、教育内容についても画一的な詰め込み主義であったため、当然に改革されなければならないと指摘している。具体的な改革としては、**6・3・3制の単線型学校体系**、**9 年の義務教育**と**教育委員会制度**の導入、**男女共学**といった民主主義の原理に基づく教育の在り方が提案された。報告書の内容は、その後の戦後教育改革の具体的なモデルとなり、その内容のほとんどはその後の教育改革のなかで実現されていった。

　なおこの報告書の作成にあたり、**日本側教育家委員会**（委員長は南原茂　東京帝国大学総長）や文部省関係者が協力した。日本側教育家委員会のメンバーのほとんどは 1946 年 8 月に設置された**教育刷新委員会**に引き継がれている。この教育刷新委員会が、内閣総理大臣所轄の審議機関として「教育基本法」や「学校教育法」等の法案作成を通して、戦後教育改革をリードすることとなる。後に文部省内に設置された**中央教育審議会（中教審）**は、事実上、教育刷新委員会が前身である[7]。

2）新学制の発足

　6・3・3 制の新学制は、小・中学校が 1947 年度、高等学校が 1948 年度、大学は 1949 年度に発足した。小・中学校に限れば、アメリカ教育使節団報告書の勧告から 1 年弱、教育刷新委員会の審議から 3 か月というスピードであった。戦前の学校教育制度は**複線型（分岐型）学校体系**（図 12−1 参照）と呼ばれる形態をとっていた。複線型教育制度とは、複数の学校系統が並列し、ほとんど交差することのない構造をもつもののことをいう。つまり、共通の初等教育（戦前の日本では小学校）を終えた後により上級の学校に進学しようとする場合、どの中等教育機関に進学するかによって、高等教育の進路が限定される仕組みとなっていたわけである。

　これに対して新学制では、義務教育が 6 年制の小学校だけでなく 3 年制の中学校にまで拡大され、後期中等教育も 3 年制の高等学校（高校）に単純化された（図 12−2 参照）。特に新制高校の発足にあたっては、（小）学区制、男女共学、総合制という「**高校三原則**」が重視され、中等学校が再編されていった[8]。

---

[7]　教育刷新委員会は 1949 年 6 月に教育刷新審議会と改称、1952 年 6 月に中教審となった。

[8]　この原則はおおむね実施されたものの、地方教育行政を管轄していた占領軍地方軍政部の対応の違いによって、東日本では公立学校でも男女別学が残るな

高等教育も 4 年制の大学に一本化された。こうした戦後日本の学校体系のように、単一の学校系統のなかでいくつかの学校段階に分かれているものを、単線型の学校教育制度という。このように戦後の学校体系は、複線型から単線型へと大きく変更された。

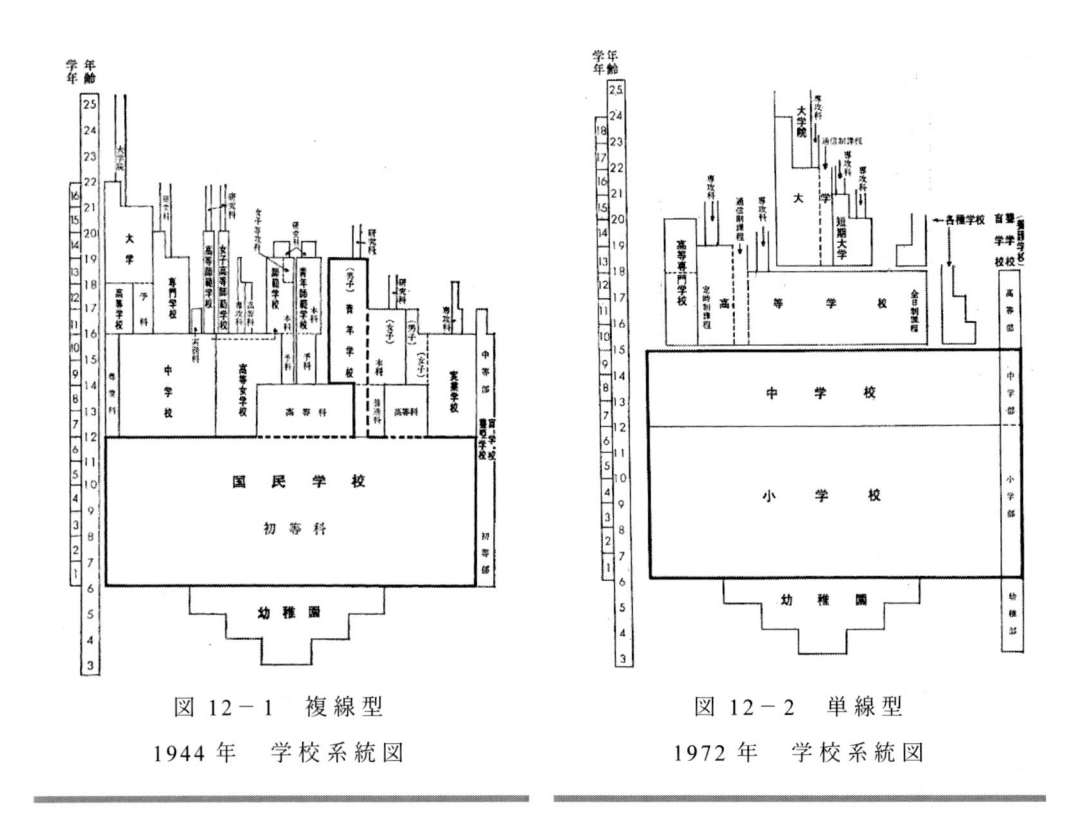

図 12 - 1　複 線 型
1944 年　学 校 系 統 図

図 12 - 2　単 線 型
1972 年　学 校 系 統 図

　教育課程の改革も進められた。47 年度からの新学制の発足に先立ち、カリキュラム（教育課程）の基準を示したものとして『**学習指導要領　一般編（試案）**』が文部省から刊行された。これはアメリカの教師用ガイドブックである**コース・オブ・スタディ**（Course of Study）がモデルとなっている。新学制による小学校の教科は、修身、国史、地理の三教科がなくなり、新しく社会科、家庭科、自由研究が入った。こうした新教育課程は子どもの生活や経験を軸として単元を構成する点に特徴があり、戦後数年間の教育は生活経験主義に基づく教育方法の研究が盛んであった。しかしこうした新教育は、学力低下や科学の系統性の軽視といった批判を招くこととなった。

どの事態が生じた。

3）教育基本法の制定と教育勅語

　戦前は教育勅語によって規定されていた教育の理念が、戦後には法律をもって定められることとなり、教育基本法が制定されるという大きな変化もあった。

　まず 1946 年 11 月 3 日に日本国憲法が公布され、第 26 条に**教育を受ける権利**と義務教育に関する規定が盛り込まれた。憲法第 26 条の第一項では、すべての国民の教育を受ける権利が規定されている。また第二項では、すべて国民に、子に普通教育を受けさせる義務があること、**義務教育は無償**とすることが規定された。

　憲法制定と前後して、教育勅語の扱いに関する議論が起きた。つまり、①教育勅語を残すべきなのかどうか、②教育勅語を廃するならば、ⅰ）新しい教育理念や教育目的を新たな勅語によって規定するのか、ⅱ）もしくは新たに法を作成し教育理念や目的を規定すべきかという議論が起きたのである。

　結局、教育勅語の扱いをめぐる問題は、1946 年 10 月に出された文部次官通牒「勅語及詔書等の取扱について」で式日等の奉読を禁止する等の措置により、勅語の神格化を禁止することで一応の結論に達した。その後、当時の文相である田中耕太郎は、教育の基本となるべき理念および原則を、法律をもって定めようとする意向を表明し、1946 年 12 月に教育刷新委員会によって「教育基本法要綱」が採択されるに至った。その後、**教育基本法**[9]は国会での審議を経て、1947 年 3 月 31 日に公布、施行された。

　教育基本法は前文と 11 条で構成されていた。法律に前文がつくことは異例であるが、憲法との一体性を明示するために教育基本法には前文が設けられていた。第 1 条では教育が「**人格の完成**」を目指して行われると記されている。第 10 条では、教育が国民に対して直接責任を負って行われるべきものであると規定されていた[10]。

　そして教育勅語は、1948 年 6 月 19 日に衆参両議院で「教育勅語排除・失効確認決議」がなされたことにより、過去の文書としてもその権威を失った。しかし法的な決着はついたものの、教育勅語の内容を肯定的に評価する意見も未だに根強く存在している。こうした諸勢力の存在が、日本独立後の教育再編に大きな影響を与えることになるのである。

---

[9]　教育基本法は 2006 年に改正された。本章で「教育基本法」という場合は、旧教育基本法を指す。

[10]　現行の教育基本法では、教育の直接責任制に関する文言は削除されている。

4）教育行政制度の変化

　アメリカ教育使節団報告書の勧告により、教育行政制度も大きく変わった。

　戦後教育行政改革は戦前の教育行政制度への反省から、①民意の反映、②教育行政の一般行政からの独立、③地方分権（自治）、の 3 原則に沿って行われた。この原則によって 1948 年に教育委員会法が制定され、**公選制教育委員会制度**が誕生した。

　しかし戦後初期の混乱の中で、地方自治体は戦後処理に追われていたこともあり、教育委員会制度導入にあたっては現場や学者などから地方教育行財政が安定してからの導入を求める声があげられた。また、教育委員選挙の投票率の低さという問題も指摘された。

2 節　高校・大学の量的拡大と経済成長

1）日本独立以後の教育再編の動き

　1951 年 9 月、サンフランシスコで講和会議が開かれ、日本は独立を回復した。サンフランシスコ講和条約を締結するにいたった 1951 年は、東西冷戦が激化した時期にあたる[11]。

　こうした日本の独立回復の動きと前後して、政府・文部省による戦後教育再編の動きが進められた（**「逆コース」の改革**）。1954 年には、教育の政治的中立性[12]を確保するという名目により、いわゆる**教育二法**[13]が制定された。

　また 1956 年には教育委員会法が廃止され、「地方教育行政の組織及び運営に関する法律」（**地教行法**）が制定された[14]。地教行法の成立によって戦後教育改

---

[11]　1949 年には中華人民共和国が成立し、1950 年には朝鮮戦争が勃発している。

[12]　同時期に、「偏向教育」という言葉が生まれている。具体的には 1953 年に起きた山口日記事件や教育二法の国会審議中に大きく取り上げられた旭ヶ丘中学事件、1954 年に後に自由民主党（自民党）に合流する民主党が作成したパンフレット『うれうべき教科書の問題』などの事件がある。

[13]　教育二法とは「教育公務員特例法の一部を改正する法律」と「義務教育諸学校における教育の政治的中立の確保に関する臨時措置法」のこと。

[14]　この地教行法の法案審議は紛糾し、警察官 500 人を国会に動員し強行採決を行うという異常事態の中、成立している。

革の目玉であった公選制教育委員会は**任命制教育委員会**へと制度変更された。また教育行政の原理も、①政治的中立性と安定性の確保、②国、都道府県、市町村一体となった教育行政、③教育行政と一般行政の調和、へと変更された。さらに 1958 年には、学習指導要領が**官報に告示**されることにより法的拘束力を持つものと解されるようになった。同学習指導要領には、「道徳の時間」の設置による道徳教育の徹底（いわゆる「**特設道徳**」）が含まれていた。

　この時期に、日本経済は朝鮮戦争に伴ってもたらされた特需（**朝鮮特需**）によって経済状況が好転し、経済成長が軌道に乗り始めた。1956 年の『経済白書』に記された「**もはや戦後ではない**」という言葉が流行語となり、日本は**高度経済成長**の時代をむかえることとなった。そしてこの高度経済成長が、教育のあり様にも大きな影響を及ぼすことになる。

2）教育と経済成長

　1960 年、向こう 10 年間で国民所得を倍増させるという『**所得倍増計画**』を政策課題に掲げて選挙戦を戦った池田勇人が首相に就任した。実際には所得倍増計画を大きく上回る速さで日本は経済成長を遂げ、1968 年には国民総生産（**GNP**）が西ドイツを抜き世界第 2 位となった。一連の経済成長は「東洋の奇跡」と呼ばれた。

　所得倍増計画に前後する形で、産業界から経済成長のために必要な人材を大量に育成するため、単線型の学校教育制度を改革し、職業教育のための学校を含む複線型の教育制度を要望する動きがみられるようになった[15]。こうした産業界の要望に対し、中教審は答申を出し[16]、普通科における「コース制」や「進路指導」の強化をうたう形で、能力主義的な多様化路線の伏線を敷いている。

　具体的な形で能力主義的多様化路線が動き始めたのは、1960 年に所得倍増計画と連動する形で出された経済審議会（教育訓練小委員会）の「所得倍増計画に伴う長期教育計画」による。1961 年には科学技術庁から文部省に対して、「科学技術者の要請にかんする勧告」が出され、文部省は科学技術者育成のため大

---

[15]　1952 年 10 月の日本経営者団体連盟（日経連）「新教育制度の再検討に関する要望」や、1954 年 12 月の日経連「新時代の要請に対応する技術教育に関する意見」など。

[16]　「短期大学制度の改善について」（1956 年 12 月）や、「科学技術教育の振興の方策について」（1957 年 11 月）。

学の定員を大幅に増員する方向に転換した。また同年には高等専門学校（高専）が学校教育法の1条校[17]として認められる形で誕生した。

　こうした政策には、国家の経済成長のために人材を計画的に育成する必要があるという教育計画論や、人間の経済的価値を投資によって高めることができるという人的資本論の発想が強く反映している。こうした発想は、1962年11月に文部省が出した教育白書『日本の成長と教育』にも強く表れており、官庁文書に経済成長と教育を結びつける論理が登場したということで、当時、耳目を集めた。

3) 高校・大学の量的拡大と「就社」社会

　高度経済成長による産業構造の変化は都市化を加速し、他方で農山村の空洞化[18]を招いた。都市部での労働力不足を補うため、地方の農山村の中卒者が大都市圏に「集団就職」していった。

　また、高度経済成長期には高校・大学への進学率が急激に上昇した。高校進学率は、高度経済成長が始まる直前の1950年には42.5%であったが、高度経済成長が終わりを迎えた1975年には91.9%にまで上昇している。大学進学率も、高度経済成長が始まってすぐの1955年は10.1%であったが、1975年には約40%となっている。

　なぜこの時期にここまで高校・大学進学率が上昇したのだろうか。その最大の要因は、①戦後教育改革によって徹底した単線型教育システムが完成したことで教育機会が大きく拡大され、高等学校への進路が広がったこと、②団塊の世代が高校進学の年齢になったこと、である。しかしそれ以外にもこの時期に高校・大学の進学率が急激に上昇し、この時期に学歴志向とその獲得競争が激化し始めた要因がいくつか存在している。

　乾彰夫は1963年の経済審議会答申の分析を通して、当該期の政策では多元的能力主義を標榜していたにもかかわらず、60年代の日本社会の企業社会化によって一元的能力主義へと変質していき、その影響を受けて学歴獲得競争も一元的になっていったと説明している。

---

[17]　一条校とは学校教育法第1条に定められている学校のこと。

[18]　1970年には全就業者に占める農業従事者の割合が20%にまで落ち込み、主たる農業従事者がかあちゃん、じいちゃん、ばあちゃんとなったことから「三ちゃん農業」などと呼ばれるようになった。

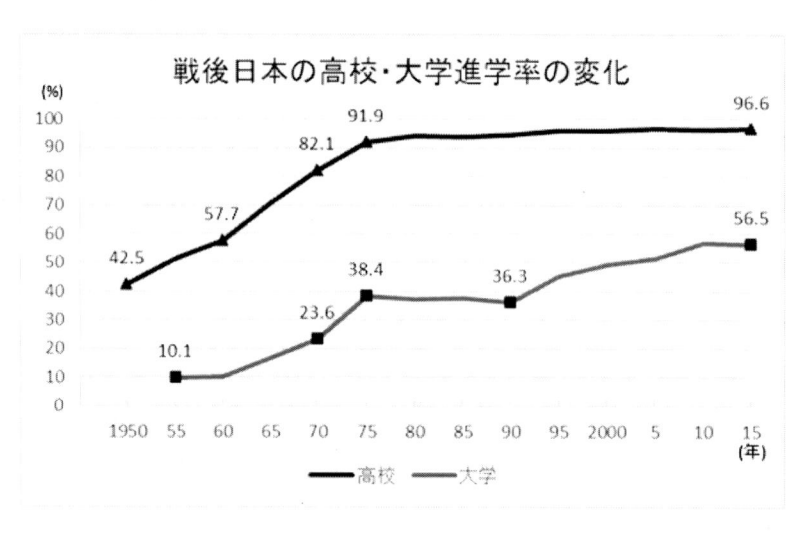

表 12－1　戦後日本の高校・大学進学率の変化

（注）「高校」は通信制課程（本科）への進学者を除く進学率。「大
学」は大学（学部）・短期大学（本科）の進学率（過年度高卒者等
を含む）。

（出典）文部科学省「学校基本調査」年次統計（総務省統計局 e-Stat、
2017 年 6 月 30 日時点）より。

　また苅谷剛彦は、日本独特の学校による就職指導や職業あっせん制度の存在
を指摘している。このシステムでは、学校が企業に先行して生徒の分配を、学
業成績を基準にして行っていた。この時期には、企業内でホワイトカラー層と
ブルーカラー層の壁が取り払われ、ブルーカラー層も企業内での能力主義的な
競争に巻き込まれ始めている。こうした企業内システムの変化も、結果的に能
力主義的学力競争が社会全体に広がった理由となった。

　さらに汐見稔幸は、明治以来の立身出世と学歴志向へのアスピレーション
の存在を指摘している。この時期には、労働者が自らの専門性を高め「職」に
就くのではなく、企業に直接従属し（「就社」）、その中で有利な地位を占めるよ
う動機づけるシステムが形成された。そのため、高度経済成長によって多くの
人々が都市の企業に「**就社**」することを希望し、その多くがホワイトカラー志
向であるという状況にあっては、企業内部の昇進競争の出発点で有利な位置を
得るため、学歴競争意識が急速に強まらざるを得なかった。

　以上述べてきたように、①多元的能力主義から一元的能力主義への変質、②

学校による就職指導や職業あっせんシステムの存在、③立身出世と学歴志向へのアスピレーション等の諸要因が、この時期の企業社会の変化と連関することによって、学歴志向と競争の激化をもたらしたといえる。

　このような学歴志向と競争の激化によって、1970年代には学歴社会が社会問題として語られるようになった。例えば1971年の教育研究所連盟による調査では、教師が、授業についていけない子どもが半数以上存在するとみているという結果が報告された。以後、「**落ちこぼれ**」が流行語になるほど、低学力と学歴志向の激化が問題視されるようになった。「落ちこぼれ」問題と並行して、中学や高校での校内暴力や登校拒否、非行が社会問題となった。そしてこうした**教育病理現象**が、教育改革の必要性を喚起する世論を形成することとなる。

【参考図書】

木村元（2015）　学校の戦後史　岩波新書

　実は戦後日本教育史が通史としてえがかれている書籍はあまり多くない。本書の記述は戦前の記述から始まるものの、数少ない戦後日本教育史の書籍としても、入門書としてもおすすめの一冊である。

【主要参考文献】

乾彰夫　1990　日本の教育と企業社会　大月書店

苅谷剛彦　1991　学校・職業・選抜の社会学　東京大学出版会

汐見稔幸　1994　七　企業社会と教育　坂野潤治ほか編　シリーズ　日本近現代史　4　戦後改革と現代社会の形成　岩波書店、291－329頁

文部省　1972　学制百年史　記述編・資料編　帝国地方行政学会

❑ コラム　校則を法関係で考える

　70 年代以降、中学・高校での校内暴力や非行が社会問題になり、こうした状況に学校は、校則を盾に厳しい管理教育を行うことで対処しようとした。訴訟に発展したケースも存在している（修徳高校パーマ退学事件等）。

　では法学的に校則はどう理解できるのか？在学関係に関する説はいくつか存在しているが、主として、以下の 3 つの論拠から説明されることが多い。

　1 つ目は特別権力関係説である。特別権力関係論とは、一般権力関係（一般国民としての地位における国家権力との関係）に対する概念であり、法律の規定や本人の同意など特別の原因に基づき当事者間に成立する、公法上の特別な包括的な支配・服従関係である。しかしこの論による校則の解釈では、法律上の根拠なしに児童生徒への命令や権利の制限が可能であるという問題がある。近年ではこの学説による校則の解釈は支持されなくなっている。

　2 つ目は部分社会説である。この説は学校を部分社会ととらえ、そこでの内部規律については法や人権が侵されない限り外部は干渉すべきでないとする。しかしこの部分社会論においては、特別権力関係論において検討されていた、学校内ではたらく強力な権力関係をどう考えるのかという点を不問に付してしまうという問題がある。

　3 つ目は在学契約関係説である。この説は、校則や学校の校則制定権について、入学時に自由意思に基づいて契約が成立したものと考える。この論は私立学校における在学関係を契約関係とする見方を、公立学校にまで拡張しようとする点に特徴がある。

　校則をめぐる裁判では部分社会論が採用されるケースが多いが、学説上は在学契約論が主流である。またここで紹介した以外にも、附合契約説等の学説も存在している。以上見てきたように、校則に関する法的根拠は実は様々な説がある。「なぜ校則を守らなければならないのか」と教師に反問するのは、「こじらせている」のではなく、至極"まともな"問いだといえる。

13 章 学校信仰の揺らぎと脱学校論

　学校・塾・家庭での様々な教育場面で、必ず直面する言葉がある。それは「なんで勉強するの？」という言葉である。みなさんは、その問いにどのように答えるだろうか。この問いに対して真正面から考えたのが「脱学校論」である。「脱学校論」は、公的な教育や学校を批判し、新しい教育のあり方を模索した。その出発点は、「なんで勉強するの？」という疑問である。この疑問は、言い換えれば、「なんで教えるの？」であり、「なんで教育するの？」という問題である。

　佐藤学は、現代に生きる子どもたちを「学びから逃走する子ども」と表現した（佐藤 2000）。「学びから逃走する子ども」とは、「学び」、そのものに意義を見出せない子どもたちがいるということをさした言葉であり、その原因は学び=教育自身にあると考えた。

　例えば、数学の「三平方の定理」がある。三角形の 2 辺の長さが分かれば 1 辺の長さがわかるというものであるが、この「三平方の定理」を学習する意味とは何であろうか？「三平方の定理」を知らなくても計測機器が発達して、あらゆる高さと長さを計測できてしまう。ひと昔の大工であれば、家の柱を立てる時に必要だったかもしれないが、資材が規格化され、プラモデルのように組み立てられていく現代の建築には必要な知識ではないかもしれない。

　高度に分業化された社会にあっては学びの意味が希薄化し、目的がますます曖昧となっている。しかし一方で、私たちの社会は学歴や教育歴が重要視され、嫌々ながらも学ばざるを得ない。学校が児童・生徒のために学びを提供するものであったものが、いつのまにか強制する制度となっていないのだろうか。

1 節　A.S.ニイルの自由な教育―なんで勉強するの？

　この疑問にいち早く気づき、自由な教育を目指したのが、アレキサンダー S. ニイル（Alexander S. Neill, 1883-1976）である。ニイルは、子どもを信頼し、子どもたちに自由を与えれば、彼ら自身に好奇心が生まれ、自ら学ぶと考えた。

　そこでニイルは、1921 年に「サマーヒル」という寄宿生の学校を作り、今日

でいう「フリースクール」を設立した。一般的に「フリースクール」とは、既存の学校とは異なり、学年・カリキュラム・学校のルールが自由である学校をさす。より大きな概念としては、学校教育とは異なり、それを代替する教育という意味で「オルタナティブ教育」とも呼ばれる。

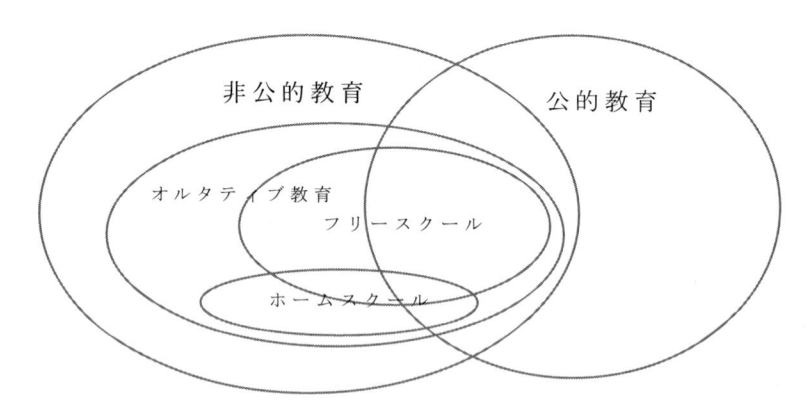

図 13−1　オルタナティブ教育の概念図

　図 13−1 で示したように「オルタナティブ教育」とは、「フリースクール」に限らず、学校という形態にとどまらない多様な教育を総称した呼び方である。フリースクール以外にも、学校に子どもを通わせないで家庭で子どもを学ばせるホームスクールがあるが、場合によってはフリースクールの生徒として登録して行っている場合もあり、図で示したようにフリースクールと領域が重なる。さらに、発展途上国などでは教育の中心となる社会教育も含めた、より広い概念として「非公的教育（Non Formal Education）」がある。

　「サマーヒル」は当初はドイツで開校するが、すぐにイギリスへと移転し、ニイル逝去後も存続し、世界各国の「フリースクール」のモデルともなった。

　「サマーヒル」の特徴は、3 つある。1 つ目は、「無学年制」である。もちろん年長者が年少者の面倒をみるが、学年や年齢で分けることはせず、一人ひとりが尊重される。2 つ目は、「主体的な学び」である。「サマーヒル」にはカリキュラムはなく、子どもたちが学びたいときに学びたいことを学ぶ。例えば、大工になりたいと子どもが考えれば、教えることのできる人を呼び、学ぶ。そして、3 つ目には「自治」である。教員も子どもも平等に権利を与えられ、学校に関わる全てのことは話し合いで決められる。それは教員の採用や解雇から問題を起こした子どもに対する懲罰も含まれる。

　ニイルは「愛とは子どもたちを承認することである。どんな学校においても、それは本質である。子どもたちを罰し、怒るのであれば、子どもたちの立場にたつことができない（Neil 1960、p.8）」と述べた。ニイルは、徹底した自由が保障されることで、子どもたちは安心し、応答的な環境の中に身を置くことができ、自ずと将来に向けて学習するようになると力説した。

　実際、「サマーヒル」では何をするのも自由であるが、何もしなかった子どもでも1〜2年するうちに何かを知りたいと考えるようになり、学ぶようになったと述べている。自由な環境の中で学んだ「サマーヒル」の卒業生の多くは、大学に進学し、社会に出て活躍している。

　したがって、「サマーヒル」の自由は、決して学ばないということではなく、何を学ぶのか、いつ学ぶのか、どのように学ぶのかも含めて自由にすることで、学びの意味を見つけていくという教育方法だといえる。この点でいえば、自由というよりは「自立した個人」を育てる教育である。

　さらに、「自立した個人」という点では、ニイルは親についても、子どもにとって親が問題となる場合があると指摘し、「親たちは、遅かれ早かれ、子どもたちが親たちから離れる必要性があるという事実を直視しなければならない（Neil1960、p.338）」と述べている。ニイルは、子どもたちが、彼ら自身で生活し、学ぶ、時間と空間が必要だと訴える。ニイルの自由とは学校や親からも離れ、主体的に子ども自身が生き方を学ぶ、つまり自立した個人になることを学ぶということに他ならない。

　冒頭の「なんで勉強するの？」の答えは、ニイルにすれば「どのように生きたいと考えるのか」ということになるのではないか。「生き方」を選ぶということは、学ぶことを選択するということでもある。これが学校では逆転して、学ぶことが目的となり、「生き方」が見えなくなる。

　この「サマーヒル」の実践を描いた著書が1960年にアメリカで出版されると、ベストセラーとなり、アメリカの「フリースクール」の流行の火付け役ともなった。その自由な教育方針が、当時のヒッピー文化に代表される時代の空気に合致したことも要因の一つであるが、学校における教育が疑われ、その意味を問い直された契機となった。

2 節　 I.イリイチの学校からの解放─何で学校にいくの？

　ニイルが自由な教育を求めて「サマーヒル」を開校し、教育を見つめなおしたこととは、別の立場から学校について批判するものがあらわれる。それは**イヴァン・イリイチ**（Ivan Illich, 1926-2002）である。1970 年に彼が書いた**『脱学校化の社会』**はニイルの著書とあわせて**フリースクール運動**を後押しした。イリイチの問いかけたものとは、「何で学校にいくの？」という問いである。

　ただ、イリイチは教育者というより哲学者といった方が良いかもしれない。イリイチは、もともとはカトリックの司祭であり、1951 年に助任司祭としてアメリカのニューヨークの下町に赴任する。イリイチは教会の慈善活動の一環の中で、プエルトルコ系の移民に対して教育・文化活動を行った。

　しかし、そこで直面したのが学歴の壁である。移民たちが勤勉に学び、他の労働者と同じような能力を証明したとしても、高校卒業資格などの学歴がないと採用されない。肉体労働のような単純労働でも学歴は求められ、単に能力の証明以上の指標として社会で使われている。

　イリイチは、「学校制度はチャンスを平等にしたのではなく、チャンスの配分を独占してしまったのである。資格と履歴の結びつきを断ち切るためには、政治団体への加入、教会への出席、血統、性的習慣あるいは人種的背景についての調査が禁止されているのと同じように、個人の学歴調査を禁止しなければならない（イリイチ 1977、p.32）」と述べた。

　イリイチが述べたように教育の機能には**選抜機能**（学歴）があり、人々を能力におうじて職業を配分する。問題となるのは、この時に学校は平等化させるよりも、その個人がもつ社会的背景を反映し、不平等を固定化させている点にある。このことは社会学では「**再生産理論**」とよび、**経済的な格差**が世代間にわたり引き継がれることを意味する。

　イリイチが指摘する以前にも指摘されていたことであるが、イリイチが注目されるようになったのは、それが単に富だけでなく、文化的な価値にも及ぶと指摘したからである。イリイチは学校で教えられる価値が社会全体を規定し、しかも、学校で教えられた価値が人々に無自覚的に内面化され、批判されることがないと述べた。

　例えば一般的に、私たちが「○○さんは頭がいいですね」というと、「どこの大学の出身ですか？」と聞き、「どういうふうに頭が良いか？」は聞くことが少

ない。「家事を手早くできる」「野菜を育てるのがうまい」などの、学校で重要視されない事は頭が良いと判断されない。学校で学ばれる教科内容が尊重され、それ以外の科目や事柄は、それが人生にとって重要であるかどうかに問わず、尊重されなくなる。

そして、イリイチは「学校は近代化された無産階級の世界的宗教となっており、科学技術時代の貧しい人々に彼らの魂を救済すると約束しているが、この約束は決してかなえられることはない（イリイチ 1977、p.29）」と述べる。かつて教会が免罪符を売り、それを持つものだけが救われたと同様に、学校の卒業証書を持つものだけが救われると指摘する。しかも、学校の卒業証書は、その社会的背景（生まれ）によって購入できるかが左右される。カトリックの司祭であったイリイチが、宗教的な背景に裏打ちされ、地縁と血縁で評価される中世社会を批判して生まれた近代的な教育を、新たな宗教であると看破したのは皮肉である。

もちろん、イリイチは学校だけを批判したわけではなく、近代社会そのものに対しても批判する。特にイリイチは、資本主義経済の弊害、社会の進歩にともなう非人間化された世界といった現代社会自身を疑問視していった。それはイリイチが『脱学校化の社会』の後に書いていく、『脱病院化社会』などの著作で表明されている。

例えば、『脱病院化の社会』では西洋医学を批判し、病気は病としてなおすものではなく、日々の生活を省みる「苦しみ（パトス）」として受け入れるべきものであると主張した。イリイチは西洋医学が治療する必要がないものまで治療の対象とし、医療を専門家に依存させ、生死に関わる人の生き方を選択できなくさせていると批判する。

健康診断を受ける前は元気だったのに、診断をうけると「○○症」と診断され、途端に不健康だと感じる。しかし実際には、大袈裟な名前がついているだけで健康に過ごせば良いという病気である場合もある。日本でもハレとケという言葉がしめすように、ハレの祝祭的な日もあれば、日常のケの日もある。体調も良い時も悪い時もあり、常に体調が良ければ良いというものでもなく、体調が悪いことがあるからこそ、健康の意味を知る。

そして、究極的には人間にはいずれ死が訪れるのであり、西洋医学は、すべてを治療対象とすることで、死をなきものとして扱い、生の錯覚をもたらしていないだろうか。イリイチにすれば、医者がいるから病気になり、西洋医学は生の意味を希薄化させているということになる。

　イリイチの現代社会批判とは、どのように生まれ、どのように学び、どのような職につき、どのように死んでいくのか、という人間の根源的な活動が、本当のところ自由に選択できないという批判である。そして、自由な生き方を制限しているのは、専門家や専門的な機関に委ねられてしまう近代社会自身の問題であると看破する。

　さらにいえば、各種の専門家は、その職の専門性を保障するが、実際は、彼らの特権的な身分を保証しているだけではないのか。科学技術が発展し、専門的な技術や知識が誰にも利用可能になるならば、専門家や資格は必要にならなくなるのが、進歩した社会ではないか。

　もし自動車の自動運転が可能となるならば、自動車免許は必要であろうか。自転車を運転するのには免許は必要がなく、自動車が自転車と同じように技術を必要としないとすれば、もはや免許は不要となるはずである。そもそも科学技術は人々を幸せにするためにあるべきなのに、それが専門家や資格を持つ人のみに許可させることは、知の独占を意味するのではないか。

　そして、イリイチは、この点から図書館のように、誰もが簡単にアクセスでき、利用でき、自分の知識として利用できる、知のネットワークを提唱し、知の解放を求めた。そのアイディアは、現在のインターネットにおける**ウィキペディア（Wikipedia）**に近く、今日の社会においても彼の考えは息づいている。ただし、イリイチの発言は、今日の社会を考えるうえでも多くの示唆を与えるが、現実的にイリイチのいうことが全て実現したわけではない。そこでアメリカのフリースクール運動から、フリースクール運動が求めた「自由」とは何であったのかを考えたい。

3 節　アメリカのフリースクール運動の挫折

　前節で述べたようにハートランド社から、ニイルのサマーヒルが紹介されると、1960 年代にアメリカの各地でフリースクールが生まれ、一大ブームとなる。しかし、図 13−1 で示したようにフリースクールに代表される「オルタナティブ教育」の実態は多様であり、フリースクールの内実は玉石混交であった。フリースクール運動も 1960 年代後半から 1970 年代前半までの時期は、何百というフリースクールが生まれるが、多くのフリースクールは長続きせずに急速にフリースクール運動は収束していった。

　しかしながら、フリースクール運動は、その後、1980 年代以降のアメリカで次々と進められる公教育改革や教育運動の中に派生・吸収されていった。具体的には、フリースクールに関わった人々は、主に 3 つの方向へと派生していった。それは 1)教育制度改革 2）学校と教育方法の改革 3)ホームスクール運動である（Miller 2002）。

1）教育制度改革：より良い社会

　フリースクール運動に寄せられた期待には、フリースクールを通した社会変革という認識があった。公立学校が人々を統制しているならば、自由な教育によって、より良い教育が実現すれば、新しい価値観をもった人々が生まれ、より良い社会ができるはずだという期待であった。

　例えば、アメリカの著名な教育ジャーナリストであるジョナサン・コゾル（Jonathan Kozol）は、都市部貧困地域の劣悪な教育を目の当たりにし、フリースクールのような自由な教育方法が、閉鎖的なスラム地域に暮らす子どもたちに希望を与えるのではないかと考えた（Kozol 1972）。ただ教科書を教えて、貧困地域の子どもたちの生活実態から離れている教育をし、規律を重んじるように叱り続けても意味がなく、子どもたちの関心に沿うことで豊かな教育実践が生まれ、彼らの認識も生活も改善されるのではないかと考えた。

　さらに、公立学校の中心が白人たちや一部の裕福な人たちに占有されている現状に対して、フリースクールは政治的・経済的な背景からもフリーとなる学校になり、従来の公教育支配を変革するのではないかと考えた。したがって、自由な教育というのは現状の社会からの「解放（free）」を意味していた。

　しかし、実態としてフリースクールは、まさに教育に高い関心をもつ白人たちが中心に惹かれ、参加した運動でもあった。フリーな教育であっても、経済的な背景からはフリーとはならなかった。むしろ経済的なフリーを担保しているのは、公立学校によってであった。そこでコゾルは、公教育と社会福祉との連携や平等な教育制度の実現へと議論を移すことになる。

　フリースクール運動が収束すると、フリースクールを支持した一部の人々は、その理念の一部を保ちながらも、コゾルのように公教育制度改革を志向することになる。具体的には、公立学校では親や地域住民の声が反映されていないとして、教育行政や学校への参加を求める。あるいは、教育制度の不平等を訴え、その財政的な配分を平等にしようとした。

　さらに教育の平等という点で逆行する可能性が高いが、**教育バウチャー、学校選択**などの政策へと期待する人々もいた。イリイチ自身も、ミルトン・フリードマンが提示した、教育バウチャーについては、当初は賛同を示していた。教育バウチャーは公教育にかかる公費をチケットとして、一人ひとりに分配し、各人が使用することができるというものである。一般的には、市場の原理を公教育に導入する政策とみられるが、同時に、教育バウチャーは官僚的な公教育制度を是正するものとしてもみられていた。

　これらの既存の教育制度へのフリースクールからの批判と、改革のアイディアは 1980 年代以降において、個別の教育改革の中で実現されていったといえる。

2）学校と教育方法の改革

　もう一つのグループは、フリースクール運動が社会的な変革をもたらす力がない、あるいは、理想とするフリースクールや教育を実現する難しさから、その一部分を既存の学校内の取り組みで実現させようとする人々である。

　例えば、フリースクールを作ることは難しいが、公立学校の中にフリースクール的な実験的なクラスを作る試みである。マサチューセッツ州ブルックライン市のブルックライン高校では、「**学校の中の学校（School Within the School）**」として、通常のカリキュラムから離れ、アットホームな環境の中で学べるクラスを、既存の学校のなかに作った。あくまで、公立学校の中ではなるが、民主的な雰囲気と自由なカリキュラム編成にすることで、公立学校の枠組みの中でフリースクールの利点を吸収しようとした。

　または、フリースクールに見られる異学年齢集団に注目し、学年割りではなく、学年を超えた集団や授業を作り、異学年の学びあいを作る学年編成が作られた。

　その他にも「**壁のない学校**」として教室の壁を取り払い、学校の空間をオープンスペースにし、学級単位の構成をゆるやかにする試みや、授業時間の弾力化、教化を超えた科目の設定、一つのトピックを集中的に学ぶ柔軟なカリキュラム編成などがある。これらの全て、フリースクールからの直接的な影響ではない場合もあるが、フリースクールで実験的に行われた教育実践が影響をあたえていた。

　しかしながら、フリースクールの教育実践を部分的に導入する在り方は、フリースクールがもっていた、自由な教育の意味を変質させているのではないか、

あるいは、既存の公教育を補完するものだけになっているのではないかという批判も寄せられる。

　そこで、次にフリースクールの理念を維持しながらも、独自の教育を求めたジョン・ホルト（John Holt：1923-1985）を取り上げたい。

3）ホームスクール

　フリースクール運動から派生した最後のグループは、ジョン・ホルトによるホームスクールである。ホームスクールとは、義務教育期間であっても何らかの教育機関に通わせず、家庭で子どもを教育する形態であり、ホルトは「ホームスクールの父」として知られている。

　ホルトが「ホームスクール」を推進するようになるのは、フリースクール運動の経験によるものが大きい。若き日のホルトは、小学校教師となった当時を振り返り、素朴に「子どもたちが興味を引く授業をすれば、学校は楽しいものになり、子どもたちは学ぶ」と考えていた。しかし、子どもは、学校で落ちこぼれさせられているのではないかという疑問を持つことになる。

　ホルトの処女作となる「子どもたちはどうして落ちこぼれるか（How Children fail）」の中で、次のように指摘する（Holt 1982）。

　よく学校の教師は「ここはテストにでるよ」という。このことの意味することは何か。それはテストにでることが重要であるというメッセージを送り、テストがでないことは重要ではないと教えている。さらに、子どもは、学ぶことの意味よりも、先生の声の調子や話しぶりから、先生がテストに出しそうなところを予想する。そして、もっとも予想が当たり、賭けに勝ったものがテストで良い点を取る。真面目に学習内容を理解しようとする者は、テストで良い点はとれずに、先生の表情を盗み見るものが良い点をとる。こうして学校は子どもに真面目に勉強しろといっときながら、盗人のように狡猾になれと教えている。

　ホルトは、学校がつまらないのは、単に授業がつまらないのではなく、学校という制度自体や教師自体が問題であると考えるようになる。しかし、ホルトの興味深い点は、さらに、フリースクールにおいても子どもは自由ではないのではないかと考えるようになったことである。学校という組織を作る限り、伝統であったり、卒業生が決めたルールであったり、保護者の要求によって、次第に自由な教育が保障されなくなる。学校である限り自由な教育にはならず、

フリースクールにおいても自由な教育は保障されないと批判するようになる。

そして、ホルトはフリースクールを見て、次第に次のような問いを考えるようになる。「どうして自由な教育をしないといけないんですか？」この問いは自由な教育というものが、子どもにとって主体的に選択されないかぎり自由な教育にならない、という意味である。

そこでフリースクールという形態をとらず、現実的な解決策として家庭という、子どもが最も安心でき、応答的な環境での学ぶことができる「ホームスクール」を、オルタナティブ教育として提唱した。ホルトが作ったホームスクールを実践する人々のための機関紙である『学校なしで育つ（Growing Without School）』の巻頭記事で、「重大で決定的な社会変革は、常にゆっくりと訪れ、たんに政治的な信条や政党によってではなく、人々が生活を変えたときに訪れる」と述べられている（Holt1999、p.3）。

ホルトが上記のように述べたのは、フリースクール運動のような一瞬の熱狂の間に終わる運動ではなく、ホームスクール運動を地道な教育運動として展開したいと考えていたからである。そして、その先に、かつてフリースクール運動が掲げた自由な社会があると考えた。

フリースクールは現実的には教育制度全体に波及したわけではないが、今日の教育において、教育改革、教育方法、ホームスクールという形で影響を与えている。特に、今日、イリイチが提唱したように「知へのアクセス」は、圧倒的に簡単になりつつある。この時、自由な学びは、どのように実現されるのであろうか。同学年の子ども集団が一つのことを同時に学ぶという学校教育の形態は、今後、どのように変わっていくことになるだろうか？

おわりに

日本においても「オルタナティブ教育」は、1970 年代以降の受験地獄、学校内暴力、不登校、いじめという教育問題への処方箋の一つとして、受容されてきた。2016 年には「教育機会確保法」が成立し、不登校の子どもに対して、フリースクールなどの公教育制度外の学校についても、連携をとることが明記されている。まだ、フリースクールでの学びが公的に認められた訳ではないが、多様な学びの在り方が日本でも認められつつあるといえる。

しかし、ホルトがフリースクールでの挫折からホームスクールを提唱したことは、ニイルが自由な教育として家庭から離れ、全寮制の学校の中で子どもた

ちの自由な空間を作ろうとしたこととからすれば、あらためて、子どもにとっての自由な教育とは何かと問わずにはいられない。

　マックス・ヴェーバーは近代社会を「鉄の檻」と表現した。「鉄の檻」とは、あらゆるものが合理的に説明され、人間を檻の中で野蛮な社会から守られると同時に囚われるという例えである。ヴェーバーは「鉄の檻」を決して否定的な意味だけにとらえているのではなく、中世の魔術的な社会を転換したと評価している。

　ニイルが描いた家庭は封建的な家庭であり、そこから解放したとすれば、さらにイリイチとホルトは学校から解放し、社会を解放しようとしたといえる。しかし、脱学校した先の社会は一体、何であったのだろうか。そして、そこで生活する人間像とは何であろうか。

　イリイチが述べるように、学校が宗教と同じように、私たちを洗脳し、それが近代的な主体の正体であるとすれば、それを超えた社会の人間像とは何だろうか。ともすれば、前近代的な人間像へと回帰するようにも見えてしまう。それが分からなければ、新しい教育としてオルタナティブな教育とはならない。

　「何で勉強するの」「何で学校にいくの」「自由な教育とは」という問いは、私たちが、どのような社会を望み、どのような人間像として未来を担うかという問いでもある。

【引用・参考文献】

イヴァン・イリイチ（東洋・小澤周三訳）　1977　脱学校の社会　東京創元社

イヴァン・イリイチ（金子嗣郎訳）　1998 脱病院化社会 晶文社

佐藤学　2000　学びから逃走する子ども　岩波書店

堤真一郎　1999　ニイルと自由な子どもたち　黎明書房

Holt, J C., 1999 Growing Without Schooling: A Record of Grassroots Movement, Cambridge, MA : Holt Association, 1999.

Holt, J C., 1982 How Children Fail: Revised Edition, Reading, MA: Perseus Books.

Kozol, J., 1972 Free School, Boston MA: Houghton Mifflin Company.

Miller, R., 2002 Free Schools, Free People: Education and Democracy After the 1960s, Albany, NY: State University of New York Press.

Neil, A S., 1960 SUMMERHILL, New York, NY: Hart Pubs.

❏コラム　新学習指導要領における AI と主体的な学び

　平成 28 年 12 月 21 日に出された中央教育審議会答申『幼稚園、小学校、中学校、高等学校及び特別支援学校の学習指導要領等の改善及び必要な方策等について』は、H30 年度新学習指導要領の指針となった答申である。答申には、「人工知能の急速な進化が、人間の職業を奪うのではないか、今学校で教えていることは時代が変化したら通用しなくなるのではないか、といった不安の声もあり、それを裏付けるような未来予測も多く発表されている」と指摘し、人工知能が発達しても、重要なのは変化を前向きにとらえることであり、人間ならではの感性であり、「主体的に向き合って関わり合い、その過程を通して、自らの可能性を発揮し、よりよい社会と幸福な人生の創り手となっていけるようにすることが重要」と書かれてある。しかし、この論理で違和感を覚えるのは、AI は既存の職を奪ったとしても、なぜ主体的な学びが重視されることになるのだろうか。

　かつてテレビや自転車のような発明と普及は、ラジオに関わる人や人力車の漕ぎ手の仕事を奪ったかもしれない。確かに、オクスフォード大学のフレイとオズボーン（Carl Benedikt Frey and Michael A. Osborne、2017）は、今後の労働需要の予測をして、労働の二極化が進むと論じている。AI などの技術革新が進み、現在、中産階級が担ってきた事務的な作業は少なくなり、創造的な仕事やマナジメントに関わるエリート層の仕事と、対人サービスが重視される低収入の仕事が残ると論じている。新学習指導要領では、AI ではできない創造的な仕事が求められるために、主体的な学びが求められるというわけである。

　ただし、AI がどこまで業務ができるようになるかは疑問も多い。AI には、いくつかの弱点がある。①主体がない、あるいは一貫性がない②意味を理解できない③感覚知が理解できないというものである。例えば、Siriと会話するときに、Siri には性別がなく、前後の辻褄があわない会話をする。共感はしてくれるが、Siri は痛がることはない。AI は、特化した領域では能力を発揮するものの、汎用型 AI と呼ばれるまでには、時間がかかりそうである。

　また、仮に汎用型 AI が開発された場合、それは私たちに何をもたらすのであろうか。イリイチからすれば、『コンヴィヴィアリティのための道具』の中で、科学技術はあらゆる人々にとってアクセスが可能であり、有用なものでなければならないと主張し、科学技術は、一部の人々に独占させることや、人々の幸せや生を奪うようなことであってはならないと、述べた。問題となるのは知と技術の独占であり、教育の問題ではない。

　もし教育問題であるとすれば、創造的な仕事ができる能力を養成することである。しかし、それはどのような教育内容を行うことを意味するのだろうか。

　新学習指導要領では主体的な学習によって、活用型能力を養成するとあるが、**ビル・ゲイツ**も**スティーブン・ジョッブス**も学校からドロップアウトした人である。誰にもわからない未来に向かって、AI で代替が可能な教育内容を避けて、創造的で誰もやったことがないことを教えるということになるのだろうか。確かに、「生きる力」が提唱した際には、同じように「学び方を学ぶ」ということで、主体的な学習が目指された。しかし、その学びが何を指すのか不明確なままである。

　例えば、昨今、将来の夢は You Tuber と答えて、変わった動画をアップロードする子どもたちがいる。この子どもたちは、何が注目されるかを考え、コミュニケーション能力にあふれる子どもとして、未来を先取りしていることになるのだろうか。

　新しい学びは、まさに「オルタナティブ教育」が目指した学びでもあるのだが、それはホルトの「どうして自由な（主体的な）教育をしなくていけないんですか」という問いが日本の教室で生まれる事態になるのではないか。皮肉を込めて言えば、明日のテストではなく、明日の You Tube にアップロードする材料を血眼になって探す、You Tuber の哀れな光景が、未来の教育の姿になるのだろうか。

【参考文献】
・イヴァン・イリイチ（渡辺京二訳）2015 コンヴィヴィアリティのための道具　ちくま学芸文庫。
・Carl Benedikt Frey and Michael A. Osborne, (2017) "The Future of Employment: How susceptible are jobs to computerization?", *Technological Forecasting & Socila Change*, 114, pp.254-280.

■編者紹介

宇内一文（うないかずふみ）　＊第1章、第5章、第8章執筆

常葉大学健康プロデュース学部准教授

専門分野：教育学、人権教育、特別支援教育

主要業績：『資料とアクティブラーニングで学ぶ初等・幼児教育の原理』（共著）萌文書林、2022年。『教職のための中等社会科教育の理論と指導法』（共編著）三恵社、2023年。

■執筆者紹介（50音順）

国谷直己（くにやなおき）　＊第11章執筆

元川村学園女子大学教育学部講師

専門分野：教育史

主要業績：「第二次世界大戦前の新教育運動の展開に関する一考察：今宮千勝(1894-1974)の教育思想に着目して」『近畿大学豊岡短期大学論集』第11巻、2014年。「『茨城県教育綱領』制定経緯の実相－不敬事件との関連をめぐって」『地方教育史研究』第38号、2017年。

須川公央（すかわきみお）　＊第2章執筆

白梅学園大学子ども学部准教授

専門分野：教育人間学

主要業績：『フロイトと教育』（D・P・ブリッツマン著、共監訳）勁草書房、2022年。『道徳教育（8）（未来の教育を創る教職教養指針)』（共著）学文社、2023年。

鈴木和正（すずきかずまさ）　＊第7章、第10章執筆

常葉大学教育学部准教授

専門分野：教育史

主要業績：『資料とアクティブラーニングで学ぶ初等・幼児教育の原理』（共編著）萌文書林、2022年。『教育学へのいざない』（単著）東信堂、2023年。

高木加奈絵（たかぎかなえ）　＊第12章執筆

流通経済大学法学部助教

専門分野：教育行政学

主要業績：『歴史としての日教組　上巻』（共著）名古屋大学出版会、2020 年。『【新訂版】教育課程論』（共著）教育開発研究所、2020 年。

田口賢太郎（たぐちけんたろう）　＊第 3 章執筆

埼玉県立大学保健医療福祉学部助教

専門分野：保育思想

主要業績：「シャルル・ルヌヴィエの道徳教育論に関する一考察―「信じること」をめぐって」『日仏教育学会年報』第 20 号、2014 年。『子どもと保育―保育内容（健康、人間関係、環境、言葉、表現）の理解を目指して』（共編著）大学図書出版、2022 年。

長嶺宏作（ながみねこうさく）　＊第 13 章執筆

埼玉大学教育学部准教授

専門分野：教育行政学、比較教育学

主要業績：『世界のテスト・ガバナンス：日本の学力テストの行く末を探る』（共著）東信堂、2021 年。『カリキュラム・学校・統治の理論―ポストグローバル化時代の教育の枠組み』（共著）世織書房、2021 年。

松嶋哲哉（まつしまてつや）　＊第 9 章執筆

埼玉学園大学人間学部専任講師

専門分野：教育史

主要業績：『歴史としての日教組　上巻』（共著）名古屋大学出版会、2020 年。『道徳教育（8）（未来の教育を創る教職教養指針)』（共著）学文社、2023 年。

山口裕毅（やまぐちゆうき）　＊第 4 章、第 6 章執筆

兵庫県立大学環境人間学部講師

専門分野：教育哲学

主要業績：『道徳教育（新・教職課程演習第 7 巻)』（共著）共同出版、2021 年。『新しい視点からの教育社会学』（共著）大学教育出版、2022 年。

教職のための学校と教育の思想と歴史

2018年 4月 1日　初 版 発 行
2023年 9月 1日　第2版第4刷発行

編　者　　宇内　一文

執筆者　　国谷　直己・須川　公央・鈴木　和正
　　　　　高木加奈絵・田口賢太郎・長嶺　宏作
　　　　　松嶋　哲哉・山口　裕毅

定価（本体価格 1,980円＋税）

発行所　　株 式 会 社　三 恵 社
〒462-0056 愛知県名古屋市北区中丸町2-24-1
TEL 052 (915) 5211
FAX 052 (915) 5019
URL http://www.sankeisha.com

ISBN978-4-86487-746-6 C3037 ¥1980E